가슴청년,
희망을
도둑맞지
마라

가슴청년, 희망을 도둑맞지 마라

청년실업 시대, 인생 이모작 시대
자신의 성공 노하우로 방향을 제시하는
느림보 멘토, 최용주 교수의 인생 코칭

| 최용주 지음 |

공감

제0교시

이 땅의 모든 가슴청년에게

"늦었다고 생각할 때가 가장 빠른 것이다."

지각 인생인 제가 가장 좋아하는 말이자, 항상 실천하려고 노력하는 인생의 모토motto입니다.

저는 이른바 명문 초중고를 나왔지만 한때 루저loser가 되었고, 삼수를 해서 홍익대 경제학과에 입학했습니다. 기울어진 집안 형편 탓에 학비를 벌어가며 어렵사리 대학을 졸업했고, 재수를 해서 고려대 신문방송학과 대학원에 입학했습니다. 그리고 독일 유학길에 올라 뮌스터Muenster대학 커뮤니케이션학과에서 11년 만에 박사 학위를 취득했습니다. 귀국 후 방송위원회 연구원으로 있으면서 교수 초빙에 여러 번 낙방한 끝에 대구효성가톨릭대 신문방송학과 교수를 거쳐 모교인 홍익대에 신설된 광고홍보학부의 선임 교수가 되었습니다.

이 글은 이런 루저 인생에서 모교의 교수가 되어, 지방캠퍼스(조치원)에

4 ●

있는 홍익대 광고홍보학부를 대한민국 (자타칭) 최고의 광고홍보학과로 만들어낸 성공스토리입니다. 그렇다고 제 자신이나 저희 학부의 자랑을 담은 것은 결코 아닙니다. 더구나 요즈음 유행하는 자기계발서처럼 이래라저래라 하는 책은 더더욱 아닙니다. 이 글은 제가 10년 동안 학생들과 함께 생활하면서 학생들의 발전을 위해 스스로 고민하고 실천한 이야기입니다.

우리 학생들의 발전을 위해서 그동안 학생들에게 해주었던 이야기를 이제 우리 학부의 울타리를 넘어 자신의 불안한 미래를 고민하는 '가슴청년'들에게 들려주고자 합니다. 제가 들려주는 이야기를 통해서 독자들이 자신에게 도움이 되는 메시지를 얻을 수 있기를 희망합니다.

아무리 나이가 젊어도 가슴이 뛰지 않는다면 가슴청년이 아닙니다. 하지만 나이가 아무리 많아도 가슴 뛰는 미래에 대한 희망을 가지고 있다면 당신은 가슴청년입니다. 따라서 가슴청년은 아무리 현실이 고되고 어려워도 실망하거나 포기하지 않습니다. 오히려 고통을 통해서 성장합니다. 그리고 이 과정에서 삶의 의미에 대한 성찰을 통해 자신의 삶의 목적을 발견하게 됩니다. 이 삶의 목적이 바로 우리가 현실에서 직면하는 고통을 극복하는 열정의 원동력이 되는 것입니다. 이 책은 바로 이러한 가슴청년들에게 들려주는 삶의 지혜에 대한 메시지입니다.

이 책의 구성은 다음과 같습니다. 1교시는 홍익대 광고홍보학부의 성공스토리에 대한 이야기입니다. 저와 우리 학생들의 열정과 사랑을 느껴보 시기 바랍니다. 다음 2교시는 다소 쑥스러운 제 이야기입니다. 비록 한발 늦은 지각 인생이지만 저를 통해 용기를 얻을 수 있기를 바랍니다. 그리고 3교시는 제가 수업시간에 학생들의 발전에 도움이 되도록 해주었던 이야기입니다. 청년실업에 직면해 있는 대학생과 대학원생들에게 진정한 진로상담이 되기를 기대합니다. 마지막 4교시는 사회 진출을 앞둔 졸업반 학생들에게 도움이 되고자 당부하는 말입니다. 학생들은 물론 직장인들이 미래를 전망하고 인생을 디자인하는 데 도움이 되기를 바랍니다. 아울러 100세 시대 신인류 사회의 40~50대가 새로운 인생 이모작을 준비하는 데도 도움이 되리라 믿습니다.

21세기를 살면서 우리가 중요하게 생각하는 화두가 여럿 있을 것입니다. 그중 제가 비중 있게 생각하는 화두는 '차별화'와 '진정성'입니다. 차별화는 '남들과 다른 것을 넘어 자신만의 창의적 개성'을 말합니다. 이 독창적 '차별화'가 앞으로 미래사회에서 가장 중요한 상위 개념이 될 것이라고 생각합니다. 진정성은 '자신과 다른 사람, 그리고 이 세상의 모든 것을 거짓 없이 진실하고 참되게 대하는 것'을 뜻합니다. 앞으로 '진정성'이 다른 사람들과 소통하며 함께 살아가는 데 있어 중요한 열쇠가 될 거라고 확신합니다. 부디 이 책을 통해서 차별화와 진정성을 느끼고, 고민하고, 각자 나름대로의 차별화와 진정성을 얻을 수 있기를 희망합니다.

저는 그동안 학생들이 희망찬 미래를 준비하고 스스로 발전할 수 있도록 진정으로 학생들을 대하려고 노력해왔습니다. 격려도 하고, 용기도 주고, 칭찬도 했습니다. 하지만 학생들이 원칙을 지키지 않을 때는 엄히 지적하고 나무라기도 했습니다. 또한 그냥 말로 하기보다는 직접 실천하여 몸으로 보여주려고 했고, 연구하고 논문 쓰는 시간을 쪼개어 학생들에게 용기를 줄 수 있는 이벤트도 마련했습니다. 그 결과 저를 포함한 우리 교수님들과 졸업생, 재학생 사이에 신뢰가 생기고, 정이 쌓이면서 아름다운 공동체가 만들어졌습니다.

우리 광고홍보학부의 모든 교수님들이 저희 학부의 발전을 위해 부단히 노력해주셨고, 저는 단지 선임 교수라는 명목으로 그분들을 대표해서 이글을 쓰고 있습니다. 다 차려진 밥상에 수저만 들었을 뿐입니다. 이토록 훌륭한 교수님들과 함께 생활하고 있다는 것은 커다란 행운이 아닐 수 없습니다. 이 자리를 빌려 모든 교수님들께 감사의 말씀을 드립니다.

저는 대한민국에서 가장 행복한 선생이라고 생각합니다. 젊은이들의 미래에 조금이라도 긍정적인 영향을 미칠 수 있다면 교수로서 그보다 더 행복한 일이 어디 있겠습니까? 그런 의미에서 이 책을 저희 홍익대 광고홍보학부의 졸업생과 재학생, 그리고 대한민국의 모든 가슴청년들에게 바칩니다.

2013년 6월 1일
최용주 드림

차례

뒤늦은 출발은 없다

뒤늦은
출발은
없다

나에게는 두 개의 별명이 있다. 하나는 '지각 인생'이고, 다른 하나는 '개척교회 목사' 다. 결혼도 늦게 하고, 아이도 늦게 낳고, 박사 학위도 늦게 따고, 교수도 늦게 되었다. 모두 마흔을 넘긴 후의 일이다. 그래서 얻은 별명이 '지각 인생'이다.

독일에서 장장 11년을 공부했는데, 어쩐지 쑥스러워서 남들한테는 10년 동안 공부했다고 살짝 줄여서 말한다. 그렇게 마흔이 넘어 박사 학위를 받고 보니 한국에 귀국해서도 교수되기가 쉽지 않았다. 특히나 한국 사회는 나이와 서열을 중시하는 사회다. 교수

초빙에 응모하려고 보면 이미 후배들이 교수로 가 있는 경우가 많았다. 내 입장에서나 후배들 입장에서나 서로 불편할 수밖에 없는 상황이었다. 그래서 새로 생긴 학과로 가게 되었다. 후배들과 껄끄럽지 않아서 좋고, 더구나 신설 학과는 오히려 나이가 조금 든 사람을 선호하기도 했다.

새로 생긴 학과의 선임 교수가 되고 보니 자의든 타의든 해당 학과를 '부흥' 시켜야 하는 임무가 주어졌다. 학과의 기초를 튼튼히 다지고, 학생들이 졸업 후에 취직을 잘 할 수 있게 만들어야 했다. 그래서 생긴 두 번째 별명이 '개척교회 목사'다.

개인적인 별명인 '지각 인생'에 대해서는 뒤에서 이야기하기로 하고, 먼저 신생 학과였던 홍익대학교 광고홍보학부를 대한민국 최고의 광고홍보학과로 부흥시킨 '개척교회 목사' 이야기부터 해볼까 한다.

등대가 되기로 약속하다

내가 몸담고 있는 홍익대학교 광고홍보학부는 1998년도에 신설되었다. 공교롭게도 나 역시 같은 해에 신설된 대구효성가톨릭대학(현 대구가톨릭대학) 신문방송학과에서 처음 교수 생활을 시작했다. 말하자면 98학번 교수인 셈이다. 그곳에서 2년 반 동안 학생들을 지도하고, 2000년 2학기에 홍익대 광고홍보학부로 자리를 옮겼다.

당시 1기인 98학번 학생들이 3학년이었는데 전임 교수가 한 명도 없었다. 좀 더 정확하게 말하자면 98학번 학생들이 3학년이 되었을 때 처음으로 광고홍보학부 전임 교수가 부임했으나 한 학기

만에 그만두었다. 광고회사에 있던 분이었는데, 한 학기를 마치고 다시 현업으로 돌아간 것이다. 아마도 홍익대 광고홍보학과가 위치한 조치원이 시골인데다, 대학교수 월급이 일반 기업에 비해 많이 부족했기 때문이 아니었을까 조심스레 추측해본다. 지금은 조치원이 '세종특별자치시'에 편입되어 나 역시 2012년 7월 1일 자로 읍민에서 일약 시민으로 당당히 승격되었지만 그때만 해도 조치원은 시골이나 다름없었다.

사정이 어찌되었든 간에 졸지에 스승을 잃은 학생들의 심정이 어땠을지 미루어 짐작할 수 있었다. 신설 학과여서 선배들도 없는데다, 전임 교수 없이 2년을 지내다가 3학년이 되어서야 처음 모시게 된 전임 교수가 한 학기 만에 떠나버렸으니 그 심정이 오죽했겠는가. 아마도 버림받은 느낌이었을 것이다. 기댈 곳 없어 불안하고 두려웠을 것이다. 미래가 불투명한 학부를 계속 다녀야 하는지, 졸업 후에 과연 취직이나 할 수 있을지, 자신들의 운명이 앞으로 어떻게 전개될지 몹시 혼란스러웠을 것이다.

아직도 그날의 기억이 생생하다. 학교를 옮기고 첫 학기, 첫 강의 시간에 학생회장이 대표로 일어나 물었다.

"교수님, 질문 있습니다! 교수님, 혹시 다른 학교로 가실 계획이 있으신가요?"

상처받은 아이들의 불안한 눈빛이 나를 주시하고 있었다. 그런 학생들을 보며 한 치의 망설임도 없이 단호히 대답했다.

"난 다른 학교로 가지 않을 거다. 이미 한 번 학교를 옮긴데다, 나이가 많아서 다른 학교로 가기도 어렵다. 무엇보다 나는 교수로서 꿈을 가지고 있다. 그 꿈을 펼치려면 이곳에 있어야 한다. 내 꿈은 홍익대학교 광고홍보학부를 대한민국 최고의 광고홍보학부로 만드는 것이다."

학교를 떠나지 않겠다는 말과 함께 한 가지 약속을 더 했다. 자발적인 약속이자 다짐이었다.

"내가 광고홍보학부의 등대가 되겠다.
앞으로 2년 동안 내 연구실은
밤 11시까지 불이 환하게 켜져 있을 거다."

전임 교수가 없던 당시에는 광고회사 출신의 겸임 교수들과 강
사들이 수업을 담당하고 있었다. 수업이 끝나면 모두 서울로 올라
가기 때문에 오후 5~6시 이후에는 광고홍보학부가 있는 도서관
건물 4층 교수 연구실에 불이 하나도 켜져 있지 않았다. 특히나 낮
이 짧아지는 겨울 학기에는 더욱 깜깜하고 적막하기까지 했다. 아
마도 학생들의 마음 역시 어둡고 막막했을 것이다. 그런 학생들에
게 등대가 되어주고 싶었다. 그들이 나아갈 길을 환하게 밝히는 등
대가 되고 싶었다.

　그래도 혼자만 손해를 볼 수는 없어 나도 한 가지 조건을 제시했
다. 세상은 공평해야 하니까. 밤 11시까지 내가 연구실의 불을 밝
히는 대신 학생들도 그 시간까지 무엇이든 하도록 했다. 도서관에
서 공부를 하든, 광고 공모전 준비를 하든, 광고 동아리 활동을 하
든, 영어 공부를 하든, 무엇이 되었든 간에 자신의 미래를 위해 시
간과 노력을 투자하기로 했다. 나와 학생들과의 계약이 이루어지
는 순간이었다.

그렇게 고난의 시간이 시작되었다. 우리 학교는 지방 캠퍼스여서 서울이나 대전 등지에서 출퇴근하는 교수들이 많다. 그래서 일주일에 나흘만 근무하도록 되어 있다. 하지만 나는 일주일 내내 밤 11시까지 연구실에 남아 있기로 한 학생들과의 약속을 지켜야 했다. 그래서 아예 학교 옆에다 월요일부터 토요일까지 머물 원룸을 하나 얻었다.

약속을 지키는 일은 쉽지 않았다. 고3 수험생이 따로 없었다. 여름에는 에어컨이 있어서 그나마 괜찮았지만 문제는 겨울이었다. 밤에는 히터가 들어오지 않아 연구실이 무척이나 추웠다. 전기 히터를 장만했지만 바닥에서 찬 기운이 올라와 무릎 담요를 덮고 공부를 해야 했다.

밤 9~10시쯤 되면 심야 전기로 따뜻해져 있을 원룸이 그리웠다. 심야 전기는 농촌 지역에서 낮에는 들어오지 않고, 밤에만 싼 가격으로 들어오는 전기를 말한다. 그래서 자취하는 학생들은 겨울이면 옛날 온돌방처럼 방바닥에 이불을 깔아두고 학교에 나온다. 나 역시 자취생이나 다름없었으니 방바닥에 이불 깔아두기는 필수였다.

늦은 시간이면 원룸으로 돌아가 따뜻한 방에서 쉬고 싶은 마음이 굴뚝같았지만 밤 11시까지는 꼼짝도 할 수 없었다. 광고홍보학부가 도서관 건물 위에 위치하고 있어 도서관에서 보면 내 연구실에 불이 켜져 있는지 바로 확인할 수 있기 때문이다. 학생들의 감시도 감시였지만 그보다 학생들과의 약속, 나 자신과의 약속을 지키고 싶은 마음 때문에 11시 이전에는 연구실을 떠날 수 없었다.

꼬박 만 2년 동안 학생들의 등대가 되어 연구실 불을 밝히고 있으면서 때때로 후회도 하고, 참 미련한 짓이다 싶기도 했다. 하지만 시간이 지나면서 전혀 예상치 못한 새로운 사실을 깨달았다. 학생들에게 도움을 주고자 시작한 일인데, 어느 순간 오히려 내가 학생들의 도움을 받고 있었다. 심지어 학생들을 위해 희생한다는 생각까지 했는데 그야말로 착각이었다.

밤 11시까지 연구실 불을 밝히고 있었던 2년 동안 반 강제로 얼마나 많은 공부를 할 수 있었는지 모른다. 또한 그때의 공부하는 습관이 계속 이어져 이후 많은 논문으로 결실을 맺을 수 있었다. 만약 남들처럼 오후 수업이 끝난 후 바로 퇴근해서 가족들과 시간을 보냈다면 그렇게 많은 공부를 할 수 없었을 것이다. 고난이라 여겼던 그 시간이 더없이 귀중한 시간이 되었다. 내가 학생들을 도운 것이 아니라 오히려 학생들이 나를 도운 것이다. 결국 학생들이 나를 좋은 교수로 만들어준 셈이다.

졸업생 전체를 인턴십을 보내다

3학년이던 1기 학생들이 4학년이 되면서 드디어 첫 졸업생 배출을 앞두게 되었다. 무엇보다 이 학생들을 취직시키는 일이 중요한 과제로 떠올랐다. 경제 침체로 인해 취직하기 쉽지 않은 사회 환경과 분위기, 신설 학과라는 낮은 인지도 등 취직 여건이 그리 좋지 않았다. 무언가 특단의 조치가 필요했다. 그래서 4학년 여름방학 때 1기 학생 60명 전원에게 인턴십을 시키기로 계획을 세웠다. 우리 학부는 한 학년 정원이 120명으로, 대한민국에서 가장 규모가 큰 광고홍보학과이다. 하지만 1기 학생들은 남학생 상당수가 군대에 가고, 대신 편입생을 뽑아 당시 인원이 남녀 합쳐서 60명 정도였다.

이들의 인턴십을 계획하고 우리나라 100대 광고회사와 100대 광고주 회사를 선정하여 인턴십을 부탁하는 공문을 보냈다. 그렇게 그해 여름 60명 전원에게 인턴십을 시켰다. 물론 인턴십을 마치고 그 회사에 취직이 된다면 더없이 좋겠지만, 그보다도 선배가 없는 1기 졸업생들에게 취직에 대한 자신감을 심어주는 것이 인턴십의 목적이었다. 다행히 현장에서의 인턴 경험으로 인해 많은 학생들이 자신감을 가질 수 있었다. 그 덕분에 1기 학생들은 졸업을 전후해서 60퍼센트가 넘는 취업률을 보여주었다. 신생 학과로서는 그런대로 만족스러운 결과였다.

학생들이 인턴십을 마치고 돌아오면 해당 회사에 일일이 감사 편지를 보냈다. 나로서는 진심어린 감사 인사였다. 그런데 많은 회사에서 다시 연락이 왔다. 인턴십을 부탁하는 학교는 많지만 인턴십이 끝난 뒤에 감사 인사를 하는 학교는 별로 없다면서.

인턴십은 학생들의 취업을 준비하고자 한 일이기도 했지만 다른 한편으로는 우리 학교에 미술 관련 학과만 있는 것이 아니라 광고 홍보학부도 있다는 사실을 관련 기업 현장에 알리고자 함이었다. 그렇게 홍익대 광고홍보학부를 조금씩 알리기 시작했다.

인턴십 과정에서 한 가지 의미 있는 에피소드가 있었다. 한 여학생이 굴지의 여론조사 회사에서 인턴을 하게 되었는데, 회사 측에서 아르바이트를 하는 학생들에게는 식대도 주고 차비도 주면서 인턴들에게는 그렇게 하지 않았다. 그 여학생은 차별 대우를 받는다고 생각하니 서럽고 처량한 생각이 들어 당장 때려치우고 집에 가고 싶었다. 그럼에도 꿋꿋이 참아내며 하루하루를 버텼다.

드디어 일주일째 되던 날 그 학생이 담당자에게 물었다. 다음 주에는 새로운 일을 배우는 것인지, 아니면 그동안 했던 일을 반복하는 것인지. 담당자로부터 지금까지 해왔던 일을 계속하게 된다는 말을 듣고는 "그동안 감사했습니다. 더 많은 일을 배우고 경험하려면 다른 회사에서 인턴을 해야 할 것 같습니다" 하고 정중히 인사한 후 그 회사를 그만두었다.

그 얘기를 듣고 그 학생에게 왜 첫날 그만두지 않았는지 물었다.

능력의 차이를 만드는 것은

그 사람이 가지고 있는 열정이다.

열정이 능력을 만들고,

능력이 그 사람을 만드는 것이다.

그 학생은 이렇게 말했다. 마음 같아서는 첫날 그만두고 싶었지만 자신이 개인적으로 인턴을 간 것이 아니라 홍익대 광고홍보학부를 대표해서 간 것이기 때문에 최소한 일주일 정도는 참고 예의를 갖춘 뒤 그만두어야겠다는 생각이 들었단다. 그 말을 들으니 참으로 대견하고 뿌듯했다. 이토록 훌륭한 제자들과 함께하고 있다는 사실이 매우 자랑스러웠다. 지금 그 학생은 우리나라 최대 규모의 홍보회사에서 당당히 근무하고 있다.

최선의 커리큘럼을 만들다

학교교육에서 가장 중요한 것은 커리큘럼이 아닐까 한다. 교육 과정, 교과과정이라고도 하는 커리큘럼은 '체계적인 교육 내용 및 계획'을 의미한다. 말하자면 교육목표를 달성하기 위한 출발점이라고 할 수 있다. 기틀을 마련하는 것이므로 기존 학과는 물론 신설 학과에서는 특히나 좋은 커리큘럼을 마련하는 일이 상당히 중요할 수밖에 없다. 이런 이유에서 미래를 바라보는 긴 안목으로 체계적이고 새로운 커리큘럼을 준비하기 시작했다.

먼저 기존 광고홍보학과들의 커리큘럼을 수집했다. 그 당시에는 전국에 30개의 광고홍보학과가 있었다. 이 30개 학과의 커리큘럼을 분석해서 가장 바람직하다고 생각되는 커리큘럼을 만들었다. 하지만 커리큘럼에도 나름대로의 '철학'이 필요하다. 당시만 해도 업계 상위권의 광고회사들은 광고홍보학과 출신의 학생들을 우선적으로 채용하는 것이 아니라, 소위 일류 대학 출신들을 뽑아 회사에서 자체적으로 교육을 시켰다. 광고홍보학과의 존재 이유가 무색한 상황이었다.

바로 그 점을 파고들었다. 우리 학교 광고홍보학부를 나와 광고회사나 홍보회사에 들어가면 현장에서 바로 활용할 수 있도록 그러한 능력을 갖추는 것으로 커리큘럼의 목표를 잡았다.

이론 과목은 꼭 필요한 만큼만 최소한으로 축소하고 실무 과목에 좀 더 중점을 두기로 했다. 현장에서 뛰어난 실무 능력을 발휘하고 있는 분들을 겸임 교수와 강사로 모셨다. 그리고 졸업 시험이나 논문 대신 광고 및 홍보 기획 능력을 평가하는 졸업 발표로 4년 동안 배운 내용을 꼼꼼히 점검했다. 그야말로 현장 실무에 의한, 현장 실무를 위한, 현장 실무의 커리큘럼인 셈이었다.

21세기의 화두가 여러 가지가 있지만 그중 하나가 바로 '차별화'다. 전국 30개 광고홍보학과의 커리큘럼을 분석해보니 내용이 거의 비슷비슷했다. 우리만의 차별화된 커리큘럼이 필요하다는 생각이 들었다. 그것은 바로 '크리에이티브 creative'였다.

홍익대학교 하면 많은 사람들이 미술이나 디자인을 떠올린다. 학교마다 이미지가 있고, 그 학교 앞의 분위기가 이미지를 만들기도 한다. '홍대 앞'은 다른 학교들과 차별화된 이미지를 가지고 있다. 좀 더 전문적으로 말하자면 브랜드 이미지가 다른 것이다. 이렇게 오랜 세월 동안 만들어진 '창조적인' 이미지를 사용하지 않는 것은 어리석은 일이었다. 더구나 우리 같은 신설 학과에서는 이러한 이미지를 적극적으로 차용할 필요가 있었다.

커리큘럼에 디자인 및 크리에이티브 관련 과목을 열 개 정도 넣었다. 디자인의 이해, 그래픽 입문 및 실습, 아이디어 발상법, 인쇄광고 디자인, 영상광고 디자인, 인쇄광고 제작 및 실습, 영상광고 제작 및 실습, 크리에이티브 전략 등이다.

우리 학부는 광고 및 홍보 기획자를 양성하는 곳이다. 하지만 홍익대학교 광고홍보학부를 졸업했다고 하면 사람들은 으레 디자인을 잘하겠거니, 크리에이티브 능력이 뛰어나겠거니 하는 기대를 한다. 그러니 굳이 이러한 기대를 저버릴 필요가 없었다. 졸업생들이 실제로 능력을 갖추게 하면 되는 것이다.

물론 미술대학이나 조형대학에서 디자인을 전공한 학생들만큼 잘하기는 어렵겠지만 적어도 충분히 이해하고 흉내는 낼 수 있을 정도의 실력은 갖추도록 커리큘럼을 만들었다. 그래야 나중에 기업 현장에서 다른 학교 출신들과 차별화되는 능력을 갖춘 광고기획자가 될 수 있을 테니까.

그다음으로 차별화만큼이나 중요한 것이 인문학적 소양이다. 당장 눈앞에 주어진 일도 중요하고 문제를 해결할 수 있는 기술을 익히는 것도 중요하지만 사람은 멀리 볼 수 있어야 한다. 아무리 취직이 중요하다고 해도 취직 자체가 인생의 목적이 될 수는 없다. 취직하는 것으로 인생이 끝나는 것이 아니기 때문이다.

취직은 사회생활의 시작일 뿐이다. 계속된 자기 발전이 없으면 어느 순간 정체될 수밖에 없다. 5년, 10년이 지나도 여전히 다른 사람들과 차별화될 수 있는 자신만의 무기를 가지고 있어야 한다. 스스로 자신의 내면을 반짝반짝 빛낼 수 있어야 한다. 그런 의미에서 인문학적 소양이 필요하다고 생각했다. 기존의 모든 광고홍보학과에서 가르치는 비슷비슷한 커리큘럼과 차별화할 방법으로 인문학을 떠올린 것이다.

지금 당장이 아니라 나중을 생각하면 인문학 관련 과목들을 반드시 넣을 필요가 있겠다 싶었다. 그래서 인류학, 사회학, 심리학, 음악, 미술 등에 대한 이해를 돕고자 광고와 인류학, 광고와 사회학, 광고와 심리학, 광고음악의 이해, 미술감상의 이해 등의 과목을 만들었다.

인문학이란 문사철文史哲, 즉 문학, 역사, 철학이 주가 되는 학문을 말한다. 한마디로 인간의 이해에 대한 학문이다. 우리 같은 광고홍보학은 소비자에 대한 이해를 다루는 학문이라고 할 수 있다. 소비자의 행동과 심리를 이해할 수 있어야만 나중에 차별화되는 광고홍보인도 될 수 있을 테니까.

안타깝게도 재학생들은 이런 뜻을 잘 이해하지 못했다. 공부를 열심히 하는 학생들조차 그저 전공과목 하나라도 더 듣기를 원했다. 재학 중에는 인문학 과목에 대한 불만도 많고 전공과의 연계성을 찾지 못하다가 졸업 후 한 5년 정도 회사 생활을 하고 나면 그제야 인문학의 필요성에 공감하곤 했다.

사실 인문학에 대한 이해는 2011년에 췌장암으로 사망한 애플의 창립자 스티브 잡스Steve Jobs의 영향이 컸다고 볼 수 있다. 그가 인문학의 중요성을 이야기하면서부터 일반인들의 인문학에 대한 관심이 급증했기 때문이다. 물론 사람들은 그보다 훨씬 앞선 2000년 초에 홍익대 광고홍보학부 커리큘럼에서 인문학의 중요성을 실천했다는 사실은 알지 못한다. 그러니 어쨌든 사람은 유명해지고 볼 일이다.

내가 자연스레 인문학에 관심을 가질 수 있었던 또 다른 이유는 다른 학문과의 관련성을 중시하는 독일에서 공부했기 때문이기도 하다. 전공인 커뮤니케이션학 이외에 철학, 언어학, 사회학, 정치학을 부전공하면서 학문의 연계성을 배울 수 있었다.

이렇게 커리큘럼을 준비하다 보니 그동안 모은 자료들이 나름대로 가치가 있었다. 그냥 자료로만 활용하기에는 조금 아까운 생각이 들었다. 그래서 이 자료들을 가지고 광고홍보학 커리큘럼에 관한 논문을 써보기로 했다. 하지만 아시다시피 논문은 자료만 가지고 되는 것이 아니다. 이론적 배경을 바탕으로 연구가 이루어져야 한다.

독일의 지도교수님이 만든 언론인 양성 모델을 기초로 광고홍보인 양성을 위한 모델을 만들어보았다. 이 이론적 모델에 근거해, 능력 있는 광고홍보인이 되려면 어떤 능력을 갖추어야 하는지 조사해야 했다. 현재 광고 홍보 업체에서 활동하고 있는 전문가들과 대학에서 학생들을 가르치는 교수들에게 물어보면 될 것 같았다. 그래서 10대 메이저 광고회사와 홍보회사 대리급 이상의 간부

1,000명과 30개 광고홍보학과 교수 전체를 대상으로 설문 조사를 실시했다.

결과는 참담했다. 나와 동업자인 교수들은 90퍼센트 이상이 설문에 답했는데, 현장에서 활동하고 있는 전문가들은 겨우 2퍼센트만이 설문에 답을 했다. 이메일로 설문을 했기 때문이다. 그것도 50명씩 한꺼번에 묶어서 집단 메일을 발송했으니 호응도가 낮을 수밖에 없었다. 어리석게도 너무 쉽게 생각했던 탓이다. 한마디로 정성이 부족했다고나 할까.

결국 다시 설문을 시도했다. 전문가 1,000명의 이름을 각각의 수신자로 하여 다시 메일을 보내 설문을 부탁했다. 메일 발송 후에는 일일이 전화를 걸어 정중히 상황 설명을 하고 회신을 당부했다.

말이 쉽지 1,000명을 대상으로 한 사람 한 사람에게 직접 전화를 거는 일은 만만치 않았다. 같은 말을 반복하려니 목도 아팠지만 통화하는 것 자체가 쉽지 않았다. 자리에 없는 경우 몇 번이고 다시 전화를 걸어야만 했다. 그렇게 애쓴 결과 무려 270명 이상이 답을 보내왔다. 이메일을 이용한 설문 조사치고는 상당히 높은 회수율이었다.

내가 생각해도 참 미련하고 지독했다. 마침 중간고사 기간이라 휴강을 하고 일주일 동안 연구실 문을 걸어 잠그고 들어앉아 그 많은 사람들에게 일일이 직접 전화를 걸었다. 좀 지저분한 이야기지만 화장실에 가는 시간도 아까워 세면대에 실례를 할 정도였다.

이렇게 힘겨운 과정을 거쳐 완성된 논문 「광고홍보학과 교육과정에 대한 전문가들의 인식에 관한 연구(2002)」는 자랑스럽게도 그 다음 해에 현장 전문가들이 뽑은 좋은 논문으로 당당히 선정되었다. 내게는 학회에서 받은 어떤 상보다도 더 값지고 의미 있는 결과였다. 현장에 있는 전문가들에게 우리 홍익대 광고홍보학과를 알리는 하나의 계기가 될 수 있었으므로.

서서히 열매가 맺히다

　노력 끝에 체계적인 교육과정을 마련했으니 이제 그 커리큘럼이 지향하는 목표를 달성하도록 그 안에 양질의 콘텐츠를 담아내야 했다. 우선 현장 실무 능력을 높일 수 있는 전문가의 지도가 필요했다. 광고와 홍보 분야에서 실습 과목을 담당할 수 있는 최고의 전문가들로 겸임 교수와 강사진을 모셨다. 더불어 우리 전임 교수들은 학생들이 광고홍보에 대한 이론적 기초를 튼튼히 쌓을 수 있도록 이론 과목의 수업을 담당했다.

　학생들에게는 자신감을 가질 수 있도록 광고 공모전 참가를 적극 권장했다. 고맙게도 학생들은 스스로 광고 동아리들을 만들어 밤을 새며 공모전을 준비했고, 교수들은 공모전을 준비하는 학생들의 기획서를 열심히 지도했다.

이렇게 몇 년이 지나자 서서히 작은 열매들이 맺히기 시작했다. 학생들이 크고 작은 공모전에서 수상을 하더니, 몇 년 후에는 대학생 공모전을 모조리 휩쓸기 시작했다. 다른 대학 광고홍보학과 학생들이 홍익대 광고홍보학부가 참가하는 공모전은 기피한다는 소문까지 돌 정도였다.

학생들이 우수 공모전에서 수상을 하면 학교에서도 장학금을 받게 되는데, 이렇게 수상 실적이 많아지다 보니 나중에는 행복한 고민에 빠지기도 했다. 일부 학생들이 작은 공모전이라며 학부에 알리기를 꺼려할 정도가 된 것이다.

지금도 우리 학부 복도에는 그동안 학생들이 수상한 광고 및 홍보 공모전의 기획서와 수상 목록들이 빼곡히 걸려 있다. 혹시라도 관심 있는 독자라면 언제든지 와서 구경해도 좋다. 우리는 대환영이다.

고맙고 미안한 것은 학생 수는 많고 교수는 적다 보니 학생들을
일일이 지도하지 못한 것이다. 기특하게도 학생들이 스스로 광고
와 홍보 관련 동아리를 만들어 선후배끼리 도와가며 자신들의
힘으로 공모전을 준비했다. 학생들의 이러한 열정이 오늘의 홍익
대 광고홍보학부를 만든 원동력이 된 것이다. 참으로 자랑스럽고
대견하기 이를 데 없다.

학교 내부에서도 조용한 변화가 일어나기 시작했다. 언제부터인
가 다른 학과 학생들이 광고홍보학부를 부전공과 복수전공으로 가
장 선호하게 되었고, 전과 경쟁률도 가장 높은 학과가 된 것이다.
우리 학교에는 자율전공 제도가 있는데 신입생들이 전공 학과를
미리 정하지 않고, 입학한 뒤 관심 있는 학과의 수업을 들어보며
나중에 전공을 선택하는 제도이다.

그런데 최근에는 조치원 캠퍼스 자율전공 학생의 3분의 2 정도
가 우리 광고홍보학부를 선택하여 실제 정원이 700명을 넘어섰다.
학년별 입학 정원은 120명이지만 다른 학교와 마찬가지로 3학년
을 마친 뒤 휴학을 하는 학생들이 많아 실제 학생 수는 600명 정도

다. 말하자면 작은 단과대학 수준의 규모인 셈이다.

여기에 복수전공, 부전공, 자율전공 학생들까지 가세하니 단일 학부로는 우리 학부가 대한민국 최대 규모의 광고홍보학과가 되었다. 행복한 비명을 지를 만큼 흐뭇하고 뿌듯한 상황이 아닐 수 없다.

몇 년 전에는 두 가지 의미 있는 사건이 있었다. 서울 캠퍼스와 조치원 캠퍼스 사이에 전과가 이루어지는 경우 조치원에서 서울로 전과를 원하는 것이 대부분이었는데, 거꾸로 서울에서 조치원에 있는 우리 광고홍보학부로 전과를 온 학생이 있었다. 카피라이터가 되고 싶은 학생이었는데, 카피라이터가 되려면 국문과를 가야 하는 것으로 알고 잘못 입학을 했단다. 처음에는 서울에서 조치원 우리 학부로 부전공을 하러 다니다가 결국 전과를 결정한 것이다.

또 다른 사건은 서울에 있는 모 대학의 광고홍보학과에서 우리 학부로 편입을 해오는 학생들이 생긴 일이다. 이러저러한 광고홍보 관련 모임에서 우리 학부 학생들을 만나면서 우리 학부에 관심을 갖게 되었고, 서울에서 조치원으로 편입을 결정하게 되었다는 것이다. 관련 분야 전공에 열의를 가진 학생들이고, 우리 학부로서는 고마운 결정을 해준 것이어서 교수들도 그 학생들이 좋은 광고회사에 들어갈 수 있도록 매 학기 특별히 관심을 갖고 열심히 지도해주었다.

가장 큰 열매는 기업 현장에서 맺혀가고 있었다. 광고회사와 홍보회사 등에서 홍익대 광고홍보학부 출신들의 실력을 인정하기 시작한 것이다. 앞서 우리가 예측했던 대로 광고홍보 기획뿐만 아니라 크리에이티브도 잘하는 차별성이 먹혀들어갔다.

가장 대표적인 것이 애드 챌린지다. 광고회사에 대학생 애드 챌린지Ad. Challenge라는 제도가 있다. 광고에 관심 있는 대학생들을 뽑아 3개월에서 6개월 정도 프로젝트를 수행하면서 계속되는 경쟁 프레젠테이션을 통해 우수한 인재를 선별하는 제도다. 회사에 따라서는 최종 선발되는 사람에게 많은 상금과 함께 인턴이나 정식 직원으로 채용되는 기회를 제공하기도 한다. 쉽게 말해 요즘 유행하는 오디션 프로그램을 떠올리면 된다. 굴지의 광고회사 애드 챌린지에 우리 졸업생들이 뽑히는 일이 많아졌다는 건 분명 반갑고 의미 있는 일이었다.

◢

또 한 가지 예로, 한 메이저 광고회사의 마지막 면접에서 최종 세 사람이 남았다. 한 사람은 연세대 신문방송학과, 또 한 사람은 중앙대 광고홍보학과, 나머지 한 사람은 홍익대 광고홍보학부 출신이었다. 본래는 한 사람을 뽑으려고 했지만 우열을 가리기가 힘들어 결국 우리 학부 출신을 포함해 두 사람이 채용된 사례도 있다.

솔직히 세 사람을 놓고 비교하자면 입학 성적이나 수능 점수에서는 다소 차이가 있었을 것이다. 하지만 입학할 때보다 졸업할 때 더 우수한 존재로 만드는 것이 교육의 목표고 보람이라면 우리는 만족스러운 결과를 얻은 셈이다.

◢

더 기쁜 소식도 있었다. 졸업생 하나가 광고회사에 취직해서 6개월 만에 작은 프로젝트를 맡게 된 것이다. 그 소식을 듣는 순간 우리 학부 출신이 국내 최고의 광고회사라 불리는 제일기획에 취직했을 때보다 더 기뻤다. 우리 학부 출신이 인정받은 것도 물론 기쁜 일이지만 커리큘럼을 만들 당시에 세웠던 우리의 목표가 실현된 것 같아 더없이 기쁜 마음이었다. 앞서 말했듯이 광고회사나 홍보회사 현장에서 바로 써먹을 수 있는 인재를 양성하는 것이 목표였는데 그 일이 드디어 실현된 것이다.

이렇게 홍익대 광고홍보학부는 대한민국 최고의 광고홍보학과를 목표로 천천히 나아가고 있었다.

삶의 의미에 대해 깊이 생각하고
고민하는 과정을 통해서
삶의 목적을 가지게 된다.

힙합에 도전하다

　재학생들은 이런 사실을 빠르게 감지하지 못했다. 물론 지금은 잘 알고 있지만 당시에는 졸업생이 많이 배출되지 않은 상태였기 때문에 일일이 설명할 수 없었다. 학생들은 졸업 후 취직을 한 다음에야 홍익대 광고홍보학부 출신들이 현업에서 인정받고 분에 넘치는 대우를 받는다는 사실을 알았다.

　학생들에게 힘을 주어야겠다는 생각이 들었다. 도전을 두려워하고 미래를 불안해할 학생들에게 뭔가 용기를 줄 수 있는 일이 필요했다. 그 첫 시도가 바로 힙합에 도전하는 것이었다. 다소 엉뚱

하고도 주책맞은 일이었지만 내겐 엄청난 도전이었다.

학생들에게 말로만 열심히 하라고 해서는 효과가 적을 수밖에 없다. 말로는 뭘 못하겠는가. 알다시피 가장 좋은 교육은 행동과 실천으로 본을 보이는 것이다. 쉬운 일은 아니지만 교수 스스로가 학생들에게 모범을 보이면서 실천해야 파급 효과도 그만큼 크다. 학생들에게 애정을 가지고 그들을 감동시키려는 노력을 해야 하는 것이다.

그래서 어쩌다 보니 학생들에게 또 무모한 약속을 해버리고 말았다. 다음 해 MT 때 학생들 앞에서 힙합 춤을 추어보이겠노라고. 아마 나 같은 사람이 힙합을 춘다는 게 엄청난 도전이라는 것을 아는 학생들은 내 말에 설마설마했을 것이다.

하지만 바쁘다 보니 힙합에 대한 생각은 까맣게 잊은 채 시간이 지나가버렸다. 어느덧 MT가 두 달 앞으로 다가온 것이다. 아차, 큰일 났다 싶었다. 부랴부랴 춤을 배울 수 있는 곳을 알아보았다. 요즘은 댄스 아카데미도 있고, 심지어 백화점 문화센터에도 나이트 댄스나 몸치 탈출 같은 댄스 교실이 있지만 2000년대 초만 하더라도 그런 곳이 흔치 않았다.

결국 집사람에게 주책이라고 구박을 받아가면서 차를 몰고 한 시간 거리에 있는 분당까지 가서 한 달 동안 초등학생, 중학생들과 함께 힙합을 배웠다. 마음은 20대인데 몸은 왜 그렇게 안 따라주는지.

각고의 노력 끝에 가까스로 순서만 겨우 익혀 학생들 앞에서 율동에 가까운 힙합 춤을 출 수 있었다. 그야말로 인간 승리에 가까운 몸부림이었다. 비웃음거리나 되지는 않을까 염려했던 것과는 달리 학생들은 내 힙합 춤에 큰 성원을 보내주었다.

초등학교 학예회 수준의 힙합 춤을 다 추고 나서 학생들에게 이렇게 말했다. "나처럼 나이 먹은 사람이 힙합 춤을 배우는 것이 어려울까요, 아니면 여러분이 여러분의 미래를 위해 공모전이든 영어공부든 무엇인가를 준비하는 것이 더 어려울까요? 앞으로 나는 새로운 것에 계속 도전할 생각입니다. 그러니 여러분도 끊임없이 노력해주기를 바라고 기대합니다."

나 혼자만의 무모한 도전은 그 후 2년을 주기로 계속해서 이어졌다. 지금까지 피아노 배우기(체르니 100번까지 배웠다), 태극권 배우기(미국에서 안식년을 보낼 때 유학생들과 안식년을 보내러 온 다른 학교 교수님들을 지도했으니 이만하면 괜찮은 실력 아닌가), 색소폰 배우기(재작년 MT에서 김범수의 〈보고 싶다〉를 연주하고 앙코르 송으로 박상철의 〈무조건〉까지 연주했다)에 도전했고, 지금은 일주일에 한 번씩 성악을 배우고 있다.

다음 MT 때에는 베토벤의 독일가곡 〈이히 리베 디히   〉를 부를 예정이다. 성악은 KBS 2TV 〈남자의 자격〉이란 프로그램의 '청춘합창단'을 보고 도전하게 되었다. 워낙 음악을 좋아하기도 하지만, 교수라는 직업을 가진 사람들은 대개 세상에서 자기가 제일 잘났다고 생각하는 집단이라 남들과 더불어 생활할 수 있는 사회성이 좀 부족한 편이다. 나 역시 마찬가지여서 나중에 정년퇴직을 하면 독불장군으로 살기보다 하모니를 강조하는 합창단에 들어가서 사람들과 더불어 함께하고 싶은 마음이 들었다.

내 무모한 도전의 시작은 학생들 덕분이었다. 무모하리만치 새로운 것에 도전하면서 생각지도 못한 값진 것들을 잔뜩 수확할 수 있었다. 도전 자체가 가지는 열정과 에너지, 그 과정에서 얻어지는 기쁨과 보람이 그것이다. 사실 학생들에게 자극을 주기 위해서라는 명분이었지만 그 핑계로 내가 좋아하는 것들을 배울 기회를 얻었다. 음악과 관련된 도전이 많았던 것도 그런 이유다.

인기 방송 프로그램인 〈무한도전〉의 시작도 원래는 〈무모한 도전〉이었다. 처음에는 말도 안 되는 도전이 우스꽝스러워 보이기도 했지만, 포기하지 않고 실패를 두려워하지 않는 수많은 도전을 통해 시청자와 함께 성장하고 발전하면서 사랑받는 프로그램으로 자리 잡게 된 것이 아닌가 싶다.

어쨌든 나의 무한도전은 계속되었고, 내 도전이 학생들에게 조금이라도 자극제 역할을 할 수 있다면 어떤 도전도 마다하지 않을 수 있었다. 지금 생각해보면 학교에서 보직을 맡고 있어 이것저것 할 일이 많다 보니 따로 시간을 내어 뭔가를 배우는 일이 참 쉽지 않았다. 하지만 젊은 사람들의 미래에 조금이라도 긍정적인 영향을 줄 수 있다면 그보다 더 행복한 일이 어디 있겠는가. 그런 의미에서 우리 홍익대 광고홍보학부 학생들과 함께 보낸 지난 13년 세월은 참으로 행복한 시간이었다. 실패를 두려워하지 않고 좌절을 이겨내고 끊임없이 새롭게 도전했던 가슴 벅찬 시간이었다.

이제 학생들과 약속한 새로운 것에 대한 도전을 끝내려고 한다. 바로 이 책이다.

학생들과 함께해온 지난 시간들을 정리하고 우리 이야기를 세상에 알려 더 많은 이들에게 용기와 희망을 주는 일, 이것이 나의 마지막 도전이다.

후아프^{HUAF}, 그리고 광홍캠프

홍익대 광고홍보학부는 매년 가을 후아프^{HUAF}라는 축제를 개최한다. 후아프는 홍익대학교 광고홍보 축제^{Hongik University AD&PR Festival}의 영문 앞 글자를 딴 약자로, 말 그대로 우리 학부가 주최하는 광고홍보 축제다. 광고홍보를 좋아하는 전국 대학생들을 대상으로 기업의 후원을 받아 경쟁 프레젠테이션을 실시하는 형식이다.

2003년에 처음으로 시작되었는데, 당시에는 대부분의 광고홍보 학과들이 크고 작게 이러한 형태의 행사를 개최했었다. 하지만 지금은 우리 학부에서 개최하는 후아프가 대학생들이 개최하는 국

내 유일의 광고홍보 경쟁 프레젠테이션이 되었다.

행사를 진행하려면 적잖은 상금을 주어야 하기 때문에 후원 기업이 필요하다. 하지만 기업에서도 무조건 후원하지는 않는다. 후원을 할 만큼의 홍보 효과가 있어야 하기 때문에 기업으로서는 당연한 일이다.

간혹 교수들이 도와주기도 하지만 사실 학생들의 힘만으로 행사를 치러낼 만큼의 후원금을 확보하는 것이 쉽지 않다. 그래서 하나둘씩 광고홍보학과 학생들이 주최하는 경쟁 프레젠테이션이 줄어들기 시작했고, 지금은 우리 학부의 후아프만 남게 된 것이다.

후원을 받기가 얼마나 어려운지 우리 학부 역시 중간에 맥이 끊길 뻔한 적이 여러 번 있었다. 다행히 학생들의 열정으로 지금까지 10년을 이어올 수 있었다. 젊은이들의 희망이 실현될 수 있도록 그동안 후원해준 하이트맥주, GS칼텍스, 신한카드, 두산, 하이모, KT, 충남 연기군, 빈폴, 삼성화재 담당자 여러분께 이 자리를 빌려서 진심으로 감사를 드린다.

개최하는 데 어려움이 많긴 하지만 학생들이 후아프를 통해 얻는 것도 상당히 많다. 앞서 말했듯이 기업으로부터 후원을 받으려면 무엇이 필요하고 어떻게 해야 하는지 자연스레 배우게 된다. 물론 현실이 그렇게 녹록하지 않다는 것도 덤으로 배운다.

또한 기업의 입장에서는 경쟁 프레젠테이션을 지원하는 것만으로는 홍보 효과가 적기 때문에 학생들의 프로모션 참여를 요구한다. 학생들 입장에서는 서울의 명동, 강남 등지에서 실시하는 이벤트 프로모션에 참가할 기회를 얻게 되고, 실제로 좋은 경험이 된다.

무엇보다 6개월 전부터 팀을 구성하여 행사를 준비하는 과정에서 학교 수업을 통해 배웠던 기획, 연출, 디자인, 홍보, 온라인 커뮤니케이션 등을 직접 경험해보는 실습의 장이 된다. 이것이 행사 준비로 잠도 제대로 못 자고 행사 후에는 거의 탈진 상태가 될 정도로 힘들어하면서도 행사 운영진으로 참석한 학생들이 만족감을 느끼는 이유다.

또한 우리 학부에는 '광홍캠프'라고 불리는 MT가 있다. 흔히 MT라고 하면 술 먹고 노는 것을 떠올리기 십상이라, 의도적으로 명

칭을 캠프라고 붙였다. 11월 둘째 주에 2박 3일 동안 열리는 광홍 캠프 첫날에는 자체적으로 경쟁 프레젠테이션을 하고, 다음 날에는 장기자랑을 한다.

앞서 말한 대로 학생 수가 700명이 넘다 보니 같은 학년은 알아도 다른 학년은 서로 잘 모르는 경우가 대부분이다. 그래서 1학년부터 3학년까지 학생들이 골고루 섞이도록 열다섯 개 정도의 조를 구성한다. 각 조는 프레젠테이션 준비를 하면서 선후배끼리 서로 배우고 친목도 도모한다. 발표하는 날엔 교수들이 직접 심사를 하고 시상도 한다.

그렇다고 캠프에 와서 공부만 할 수는 없다. 공부만 하면 재미가 없으니 둘째 날에는 술 먹고 신 나게 논다. 노는 것도 단순히 그냥 노는 것이 아니라 크리에이티브하게 논다. 가령 패러디를 하더라도 창의적으로 하는 식이다.

밤늦게 행사가 끝난 뒤에는 교수들이 학생들의 방을 방문하여 서로 대화를 나누는 시간을 가진다. 어떤 학과는 MT에 교수님들이 지도교수 자격으로 몇 분만 참석하기도 하는데, 우리 학부는 한

분도 빠짐없이 전원 참석한다. 전 교수들이 일명 '방도리'를 하면서 학생들을 격려하고 학생들과 친목을 다지는 기회를 갖는다.

신기한 것은 이틀 동안 행사를 하다 보면 학생들이 새벽까지 먹고 마시고 노느라 난장판이 되기 마련인데, 마지막 날 광홍캠프를 끝내고 집으로 돌아갈 때는 티끌 하나 남김없이 깨끗하게 정리를 하고 떠난다는 것이다. 여태 이런 학과는 본 적이 없다며 캠프 대여 장소의 관리자들로부터 우리 학부 교수들이 두 번이나 감사의 선물을 받기도 했다.

평소에 학생들에게 광고홍보를 공부하는 사람들이 자기 자신을 광고홍보하지 못한다면 무슨 소용이 있겠느냐, 공부할 때는 열심히 공부하고 놀 때는 화끈하게 놀아야 한다고 강조해왔던 것이 빛을 발한 것이다. 사소한 일인 것 같아도 선생으로서는 진정 보람을 느끼는 순간이었다.

실천하지 않는 지성은 부끄러워할 줄 알아야 한다. 많이 배우면 뭐하겠는가. 피서지, MT, 축제 현장처럼 젊음과 열정이 지나간 자리에는 엄청난 쓰레기만 남는 것을. 자신이 머물렀던 자리 하나 깔끔하게 정리하지 못하는 사람들은 사회에 나가서도 자기 관리를 제대로 못할 가능성이 크다. 그러니 당신이 머물던 자리에는 부디 그리움만 남기시기를.

한두 해 빠르고 늦는 것은
그리 중요하지 않다. 중요한 것은
자기가 하고 싶은 일을 하는 것이다.

학생평가 최우수 교수가 되다

　지난 15년 동안 교수 생활을 하면서 학생들의 강의평가에서 몇 차례 최우수 교수로 선정된 적이 있다. 물론 말할 수 없이 영광스러운 일이다. 하지만 이것을 목표로 강의를 하고 학생들을 지도하지는 않았다. 내가 목표로 한 것은 오직 신설된 학과를 키우고 학생들이 스스로 자신의 미래를 계획하고 준비할 수 있도록 돕는 것이었다. 목표를 향해 노력하다 보니 학생들이 나를 좋은 선생으로 봐준 것이다. 아니, 좋은 선생으로 만들어준 것이다.

광고홍보학부의 학부장을 두 번이나 역임하면서 학부의 전체 교 강사 회의 때 종종 건방진 얘기를 하곤 했다. 평소와 달리 건방지 기 짝이 없는 이야기를 감히 한 것이다.

"지금까지 잘해온 것처럼 학생들을 사랑으로 대해주십시오. 학 생들을 사랑하지 않으면 교수가 아닙니다."

그렇다. 아무리 실력이 좋고 능력이 뛰어나도 학생들을 사랑하 지 않으면 교수가 아니다. 그저 직장인일 따름이다. 그렇다고 교 수가 학생들의 인기에 연연해서는 안 된다. 학생들이 잘못했을 때 는 따끔히 충고하고 잘못을 뉘우칠 수 있도록 사랑의 매를 들 수 있어야 한다.

지금까지 교수 생활을 하면서 15년 동안 한 번도 학생들을 야단 치거나 큰 소리를 내 본 적이 없다. 대부분의 교수들은 학문을 연 구하는 것이 직업이기 때문에 실생활에서도 나름대로의 엄격한 원 칙을 갖고 있다. 과제 제출 마감 시한을 정해놓고 학생들이 시한 을 넘겨서 제출하면 받지 않는 분들도 있다. 나 역시 그랬다.

그런데 요즘 학생들은 기본적인 학교생활에 대해 모르는 것이 많 다. 예전과 달리 가정에서 지나치게 허용적으로 키워서 그런지 몰라도 태도 자체가 느슨한 학생들이 꽤 많다. 그러니 무조건 잘못했다고 야단만 칠 것이 아니라 모르는 것은 가르쳐줄 필요가 있다. 지식뿐만 아니라 장차 사회생활 하는 데 필요한 태도나 자세, 마음가짐도 가르쳐야 한다. 그것이 대학이고, 교수가 할 일이다.

나이가 들어 그런지 요즘에는 제출 기한을 넘긴 과제도 너그럽게 받아준다. 하지만 제출 기한을 지키는 일의 중요성과 제출 기한을 지키지 않아 감점을 감수해야 한다는 것을 분명하게 설명해준다.

학생들은 교수가 자기를 진정으로 사랑하는지 아니면 겉으로만 사랑하는 척하는지 잘 안다. 강아지도 주인이 자기를 정말 사랑하는지 아니면 겉으로만 그런 척하는지 다 아는데, 하물며 20대 청년들이 그걸 모를 리 없다. 교수가 학생들을 사랑으로 대하면 학생들도 교수를 존경하고 사랑한다. 아무리 호되게 꾸중을 해도 그것이 사랑의 매라는 것을 알고 고마워한다.

이러한 사랑의 대가는 학생들의 전공에 대한 열정과 학부에 대한 애정으로 나타난다. 우리 학부에는 여러 대학의 광고홍보학과에 동시에 강의를 나가는 강사 분들이 몇 분 있다. 그분들 말씀이 조치원에 강의를 나오면 다른 곳보다 기분이 좋아지고 하나라도 더 가르쳐주고 싶은 마음이 든다고 한다. 학생들의 열정이 느껴지기 때문이라고.

나중에 뒤에서 자세히 말하겠지만 사람의 능력에는 별다른 차이가 없다. 오히려 능력의 차이를 만드는 것은 그 사람이 가지고 있는 열정이다. 열정이 능력을 만들고, 능력이 그 사람을 만드는 것이다.

조치원, 제2의 고향

교수와 학생의 서로에 대한 애정은 특별한 인간관계를 만든다. 우리 광고홍보학부 학생들은 전국에서 골고루 왔다. 서울 수도권 학생들이 3분의1, 영남 출신 학생들이 3분의1, 충청과 호남 출신 학생들이 나머지 3분의1을 차지한다. 이렇게 전국 각지에서 모이다 보니 순박한 학생들이 많다. 학기 초나 명절이 되면 부모님이 보내주셨다며 고향에서 수확한 멸치, 밤, 과일 등의 토산물을 가져오곤 한다.

아무리 학기 초마다 학생들에게 선물은 받지 않는다고 공표하고, 졸업 후에 취직하면 그때는 얼마든지 받겠다고 이야기하지만 이렇게 정이 듬뿍 담긴 애정물은 도저히 거절할 수가 없다.

서울이나 다른 대도시 출신의 학생들도 조치원에서 생활하다 보면 이런 순박성을 배우게 되는 것 같다. 학생들 말이, 처음 입학을 해서 난생처음 조치원이라는 곳에 왔을 때는 참으로 서글펐단다. 앞으로 4년 동안 어떻게 이런 시골에서 생활을 할 것인지, 어떻게 버틸 것인지. 그런데 딱 한 학기만 지나면 자신도 모르게 조치원 생활에 적응이 되고 "읍내에 나갔다 왔다"는 이야기를 자연스럽게 하게 된다고.

어떤 녀석은 1학년을 마치고 군대에 갔는데 군용 열차를 타고 조치원을 지나갈 기회가 있었단다. 기차가 학교 정문 앞을 지나면서 창밖으로 캠퍼스를 잠시 볼 수 있었을 뿐인데도 마치 첫사랑을 만나러 가는 것처럼 벌써 천안에서부터 가슴이 두근두근 뛰더란다. 가슴 벅차게 반갑고 그리웠던 탓이다.

이렇게 우리 광고홍보학부 재학생들과 졸업생들에게는 '조치원'이라는 고유명사가 매우 특별한 의미를 지닌다. 제2의 고향이라고나 할까.

스마트폰이 생긴 후 가장 좋은 것은 전화번호 저장 개수가 엄청나게 늘었다는 것이다. 예전에는 백 단위였던 것이 요즘은 십만 단위까지 가능하다고 한다. 덕분에 상당히 많은 졸업생들의 전화번호를 내 전화기에 저장해두었다. 그 많은 전화번호를 다 저장하고 다니는 이유는 졸업생에게 전화가 걸려왔을 때 정답게 이름을 불러주기 위해서다.

연말연시, 명절, 스승의 날 등이면 졸업생들이 안부 전화를 걸어오고 이메일도 보내온다. 또 선물을 보내는 졸업생들도 있다. 물론 나는 선물은 보내지 않아도 된다고 말한다. 사회생활 하느라, 더구나 사회 초년생들이라 정신없을 텐데 이렇게 잊지 않고 연락을 주는 것만으로도 정말 고맙다고.

졸업하고 나면 다들 조치원 시절을 그리워한다. 어찌 보면 내가 그들의 조치원이고 추억인 셈이다. 추억을 되새기는 의미로 우리 학부에서는 2년에 한 번씩 홈커밍데이를 연다. 졸업생들이 대거 참여해서 주말에 후배들, 그것도 잘 모르는 후배들 자취방과 기숙사에 신세를 지면서 다시 한 번 조치원에서의 학창 시절을 만끽하고 간다.

얼마 안 되긴 했지만 이렇게 우리는 나름대로의 전통과 문화를 하나씩 하나씩 만들어가고 있다. 감히 말하건대, 입학 성적이 좋고 취직률 높은 것도 좋지만 그게 다는 아니다.

학생들을 위해서 최선을 다하는 교수들, 자신의 전공에 열정을 가지고 노력하는 학생들, 그리고 교수와 학생이 서로 존경과 사랑으로 연결된 모습이야말로 진정한 상아탑의 본 모습이 아닐런지.

다 차려진 밥상에 수저만 들었을 뿐

좀 과한 욕심이라고 생각할지 몰라도 공부를 시작하면서 나는 세계적인 학자가 되고 싶었다. 하지만 학위를 늦게 따고 신설 학과의 교수가 되어 학과를 키우고 학생들을 돕다 보니 정작 내 공부에 많이 집중할 수가 없었다. 하지만 후회는 없다. 어느 대학의 어느 교수보다 나는 행복한 사람이니까.

누가 뭐래도 나는 대한민국에서 가장 행복한 선생이라고 감히 말할 수 있다. 젊은이들의 미래에 조금이라도 긍정적인 영향을 줄 수 있다면 선생으로서 그보다 더한 행복이 어디 있겠는가.

몇 년 전, 내가 좋아하는 영화배우 황정민의 청룡영화제 남우주연상 수상 소감이 화제가 된 일이 있다. 이후 한 은행 광고로 사용되었고, 다른 연예인들에 의해 패러디로 한동안 널리 회자되었다. 그는 이렇게 말했다. "난 아무것도 한 게 없다. 스태프들이 모든 밥상을 차려 놓았고, 난 그저 맛있게 먹었을 뿐이다."

나 역시 마찬가지다. 우리 광고홍보학부의 교수님들이 학부의 발전을 위해 부단히 노력해주었고, 단지 선임 교수라는 명목으로 그분들을 대표해서 내가 이 글을 쓰고 있는 것이다. 이토록 훌륭한 교수님들과 함께 생활하고 있다는 것은 커다란 행운이 아닐 수 없다. 이 지면을 빌려 모든 교수님들께 다시 한 번 감사의 말씀을 드리고 싶다.

난 다 차려진 밥상에 수저만 들었을 뿐이고, 재료를 다듬고 음식을 만들어 상을 차린 건 교수님들과 학생들이다. 이제 우리 모두가 함께 맛있게 차려진 밥상을 기쁘게 먹을 수 있기를 바란다.

고통은 열정의 원동력이다

고통은
열정의
원동력이다

　뇌는 기억하고 싶은 것만 기억한다. 특히나 감정이 개입된 사건은 더 오랜 시간 기억에 남을 가능성이 있다. 정말 그럴까? 지나간 시간의 기억을 떠올려 보면 어떤 사건은 마치 어제 일처럼 생생한데, 신기하게도 힘들고 어려웠던 생각은 별로 나지 않는다. 워낙 오랜 세월이 흐르기도 했지만 어려움을 겪었던 당시에는 매우 힘들게 느껴지던 일들이 시간이 지나고 보면 오히려 소중한 추억거리가 되어 있기 때문이다.

젊은 날의 초상

나는 흔히들 말하는 '성실하고 공부 잘하는' 전형적인 모범생은 아니었다. 명색이 교수라는 사람이 이런 말을 하려니 쑥스럽긴 하지만, 솔직히 학창 시절의 내 모습은 모범생과는 전혀 거리가 멀었다. 엘리트 코스를 밟아온 학자들이나 교수들에 비해 다소 역동적이었다고나 할까.

경제적으로도 안정된 가정환경에서 마음껏 누리지 못했다. 그렇다고 해서 헐벗고 굶주렸다는 것은 아니다. 오히려 어린 시절에는 비교적 유복하게 자랐다. 당시만 해도 내 또래에 보기 드문 일이었던 유치원도 다녔고, 대한민국에서 손가락 안에 꼽힐 만큼 좋은 초등학교에 들어갔다. 그리고 누구나 알아주는 명문 중·고등학교를 졸업했다. 초등학교 때부터 스펙 쌓기가 시작된다는 요즘으로 치면 나도 고등학교 때까지는 남부럽지 않은 과정을 밟은 셈이다.

우리 부모님 세대만 해도 공부하기가 녹록치 않은 환경이었다. 그래서 대부분의 부모들은 당신이 배우지 못한 것을 한으로 여겨 자식 공부만큼은 어떻게든 제대로 시키고 싶어 했다. 그 당시 여느 부모님들이 그랬듯 우리 부모님 역시 남다른 교육열을 불태우셨다. 더 정확히 표현하자면 어머니의 치맛바람 덕분에 좋은 학교에 들어갈 수 있었다고 해야 할 것이다.

부모님의 기대나 바람과는 달리 중학교에 입학한 후부터 공부는 뒷전이고 마냥 놀기 좋아하는 친구들과 어울려 다니기 시작했다. 이후에 펼쳐질 순탄하지 않은 인생길로 막 접어든 것이다.

내가 다니던 학교는 중학교와 고등학교가 같이 있는 명문 학교였다. 같은 계열이긴 했지만 그렇다고 중학교 졸업생 모두가 그 고등학교에 진학할 수 있는 것은 아니었다. 대략 4분의 1 정도는 다른 학교로 가야 했다. 그런데 운 좋게도 당시 소위 일류 학교를 없애자는 의도로 시행된 행정 당국의 평준화 정책 덕분에 고등학교 시험도 안 보고 같은 고등학교에 그대로 진학할 수 있었다. 중학교 때 공부를 제대로 하지 않았으니 사실은 운이 좋았던 게 아니라 공부와 더 멀어지는 계기가 되었을 뿐이지만.

혈기 왕성한 중학교 2학년 때는 드럼을 배우겠다고 종로5가에 있는 음악 학원에 덜컥 등록을 했다. 고등학교에 올라가면 밴드(당시에는 보컬그룹이라고 했다)를 만들어서 미8군에 진출할 생각이었다. 지금 생각해보면 꿈도 참 야무졌다.

요새는 아이돌이니 케이팝이니 하며 대중음악의 경제적인 가치를 높이 평가하고, 청소년들이 연예인이 되고 싶어 하는 것도 자연스럽게 생각하지만 그땐 사회 분위기가 전혀 달랐다. 당시 대중음악을 하는 사람은 '딴따라'라고 하여 경시하는 풍조가 있었고, 딴따라를 하고 싶어 하는 애들조차도 그리 많지 않았다. 말하자면 남들보다 좀 앞서 갔다고나 할까, 아니면 이 책에서 계속 강조하는 것처럼 소싯적부터 남다른 차별화를 시도했다고나 할까. 암튼 유별났던 건 사실이다.

아쉽게도 어머니가 드럼 채를 수없이 꺾어버리는 바람에 대망을 이룰 수는 없었다. 귀하디귀한 2대 독자인데 부모님이 반대하시는 게 당연했다. 만일 부모님의 강력한 반대가 아니었다면 어찌 되었을까. 혹시 모를 일이다. '사랑과 평화'에 버금가는 밴드를 만들어 우리나라 대중음악사에 한 획을 그었을지.

꿈을 못 이룬 대신 조숙하게도 중학교 3학년 때부터 일찍감치 연애라는 것을 시작했다. 고등학교에 올라가서는 수준을 한 단계 높여 태화관에서 이화여고 여학생들과 독일어 클럽을 결성하기도 했다. 태화관은 1919년 3·1운동 때 33인의 민족 대표들이 독립선언서를 준비하고 선포한 역사적인 곳이다. 지금 인사동에 있는 태화빌딩이 바로 그 장소다.

흔한 영어 클럽이 아니라 왜 하필 독일어 클럽이었는지는 지금 생각해도 잘 모르겠다. 하여튼 남들은 대부분 1년 정도만 하는 클럽 활동을 고등학교 2학년 때까지 열정적으로 참여하는 바람에 결과적으로 우리도 여학생들도 다 망하고 말았다.

◖

고등학교 때 독일어 클럽 말고도 또 다른 조직에 몸담기도 했다. 조직이라고 하니 뭔가 분위기가 험악할 것 같지만 그냥 말 그대로 친구들끼리 모여 만든 작은 집단이었다. '자이언트'라는 서클이었는데, 나만 빼고 모두 키가 180센티미터가 넘는 친구들이 모였다는 극히 단순한 이유로 붙여진 이름이다. 우린 다른 학교의 유명한 서클들과 친목을 다지기도 했지만 가끔씩은 자웅을 겨루기도 했다.

지금 생각하면 그때 왜 아무런 이유도 없이 여기저기 싸움을 하러 다녔는지 모르겠다. 하지만 '자이언트'는 불량 서클도 아니었고 폭력 서클은 더더욱 아니었다. 이유는 잘 모르겠지만 괜히 이리저리 친구들과 몰려다니기 좋아하던 시기여서 그랬던 게 아닐까 싶다. 내 딴에는 그것도 낭만이라고 생각했던 모양이다. 남들이 알아주지는 않았어도 나름으로는 문학청년이라 자부하던 시절이었으니.

고3이 되어서야 겨우 정신이 들어 슬금슬금 공부 걱정이 됐다. 뒤늦게 다시 공부에 몰두하려니 도무지 어디서부터 어떻게 해야 할지 몰랐다. 너무 늦은 것 같은 생각이 들기도 했다. $ax^2+bx+c=0$ 으로 표현되는 이차방정식의 근의 공식을 몰랐으니 말 다하지 않았는가. 중학교 때 배우는 수학 공식을 고3이 되도록 모르고 있었으니.

하여튼 1년 동안 나름대로 열심히 한다고 했는데도 결과적으로는 재수의 길을 거쳐 삼수로까지 이어졌다. 제 버릇 개 못준다고, 재수할 때도 초창기에는 열심히 하는 척하다가 나중에는 출신 고등학교의 울타리를 뛰어넘어 학원가에서도 제법 유명해졌다. 지금은 공부하는 게 직업이고 명색이 교수이다 보니 어느새 건조하고 재미없는 사람이 되었지만 젊었을 때는 꽤나 다채롭고 역동적이었다고 친지들이 입을 모아 이야기하곤 한다.

나중에 박사 학위를 취득하고 귀국해서 정말 오랜만에 고등학교 동창회에 나갔을 때도 40대 초반이던 동창들이 "야! 최 아무개가 박사를 땄으니 그거 아무나 할 수 있는 거 아냐? 우리 지금이라도 유학 가는 게 어때?" 하면서 반겨주었다. 전교 석차 꼴찌에 가

까웠던 인물이 뒤늦게 박사가 되어 나타났으니 친구들이 보기에
도 신기할 수밖에!

누구나 특별한 존재

　대학에만 들어가면 뭐든지 내 마음대로 할 수 있고, 눈앞에 전혀 다른 세상이 펼쳐질 줄 알았다. 하지만 삼수 끝에 대학에 진학해서는 예상치 않게 어두운 청년기를 보내야 했다. 열등감 때문이었다. 고등학교 동창들은 대부분 좋은 대학에 다니는데 나만 별 볼 일 없는 대학에 들어왔다고 생각하니 우울하고 재미도 없었다.

　당시는 고교평준화가 되기 전이어서 전국적으로 서울대학에 겨우 한두 명 입학시키는 고등학교가 대부분이었는데 우리 학교는 절반가량이 서울대학에 진학했다. 그러니 상대적인 열등감이 더 클 수밖에 없었다. 더구나 그때만 해도 홍익대학교가 미술대학을 제외하고는 별 볼일 없는 대학으로 여겨졌기 때문이다.

한편으로는 같은 학과에 다니면서도 소위 일류 고등학교를 나왔다는 못난 자부심 때문에 다른 동기들과 어울리지 못한 탓도 있었다. 속으로 과 동기들을 깔보며 나는 너희들과 다르다고 생각했다. 마치 내가 엘리트라도 되는 양 착각했던 것이다. 지금 생각하면 어찌나 미안하고 창피한지 고개를 들 수 없을 정도다. 대학 동창들 눈에는 내가 얼마나 어이없고 웃기게 보였겠는가. 내가 생각해도 참 밥맛없는 인간이었다.

〈버킷리스트*Bucket List*〉라는 영화가 있다. 할리우드 최고의 배우 모건 프리먼과 잭 니콜슨 주연에 암으로 죽음을 앞둔 두 사람이 버킷리스트를 실천하는 과정을 다룬 영화다. '버킷리스트'란 영화의 부제가 말하듯 '죽기 전에 꼭 하고 싶은 것들'을 적은 목록이다. 일종의 인생 계획을 말한다. 꽤나 감동적으로 본 영화였다. 후회 없는 삶을 살기를 바란다면 꼭 한번 보기를 권한다. 영화를 보고 나서 인터넷에 있는 좋은 내용들을 참고하여 실제로 자신의 버킷리스트를 작성해보는 것도 상당히 의미가 있을 듯하다.

영화가 주는 메시지는 이렇다. "인생의 기쁨과 의미를 찾기 위해 늦은 때란 없다." "우리가 가장 많이 후회하는 것은 살면서 한 일이 아니라 아직 하지 않은 일들이다."

하지만 이 영화에서 내가 강조하고 싶은 것은 조금 다른 이야기다. 영화 속에서 자동차 정비공인 모건 프리먼은 버킷리스트를 실천하며 세계 일주를 하고 다시 미국으로 돌아오는 길에 재벌 사업가인 잭 니콜슨이 오랫동안 인연을 끊고 지내던 딸네 집으로 가서 화해하도록 몰래 유도한다. 하지만 자만심으로 가득 찬 잭 니콜슨은 화가 나서 이렇게 말한다. "난 '아무나'가 아니다(I am not everyone)." 그러나 모건 프리먼은 죽기 전 잭 니콜슨에게 보낸 편지에서 이렇게 말한다. "그래, 자넨 확실히 '아무나'는 아냐. 하지만 사람은 다 같잖아(You are certainly not everyone. But everyone is everyone)."

그렇다. 인간은 누구나 특별한 존재다. 우리는 다 같은 인간이고 자신이 소중한 만큼 한 사람 한 사람이 다 소중하다. 인간은 모두가 동등한 존재인 것이다.

이 장면에서 예전의 삐뚤어진 내 자화상을 보았다. 인간은 누구나 귀한 존재다. 그런데 사람들은 자기 자신만 특별하다고 생각한다. 철없던 시절의 내가 그랬던 것처럼 자신이 가지고 있는 어떤 조건이나 배경을 기준으로 다른 사람들을 비교하고 평가한다. 그러면서 자신이 다른 사람보다 조금 못하다고 생각하면 열등감을 느끼고, 다른 사람보다 좀 낫다고 생각하면 우월감에 빠지고 만다. 이 모두가 착각이고 잘못된 열등감이라는 것을 모른다.

다른 이들과의 비교로부터 자유로울 때 비로소 균형 잡힌 인간이 될 수 있다. 지금 어떠한 이유에서든지 이러한 감정에 빠져 있다면 스스로를 한번 돌아볼 필요가 있다. 어쩌면 이 어리석은 감정은 물질적인 어려움에서 오는 고통보다 더한 불행을 불러올지도 모른다.

나 역시 열등감이나 우월감으로부터 자유로워지기까지 많은 노력과 시간이 필요했다. 부디 자신을 돌아보고 나와 같은 어리석음에 빠지지 않길 바란다. 우리 모두는 다 특별하고, 더없이 소중한 존재니까.

다른 이들과의 비교로부터
자유로울 때 비로소
균형 잡힌 인간이 될 수 있다.

열혈 장사꾼

대학에 갔으니 그래도 공부를 해야 하지 않을까 싶었다. 그러고 보면 좀 늦게 정신을 차리긴 해도 완전히 딴 길로 벗어나지 않고 꼬박꼬박 제자리로 돌아오는 게 참 용했다. 물론 처음부터 제대로 하면 참 좋겠지만 그러기가 어디 쉬운가.

무슨 일이든 처음부터 잘 안 된다고 해서 억지로 발버둥 칠 필요는 없다. 처음부터 잘 되는 일보다 겪을 만큼 겪은 후에야 비로소 제자리를 찾는 경우가 훨씬 더 많기 때문이다. 남들보다 조금 늦다고 해서 조바심 낼 필요도 없다. 공부든, 일이든, 사업이든, 교육이든 각자 자신만의 속도가 있는 법이니까.

내가 살아온 길도 그렇고, 학생들을 가르치면서도 분명하게 느끼는 것은 무엇이 되었든 스스로 원하고, 자연스레 무르익고, 절실함이 있을 때에야 비로소 빛을 발하게 된다는 것이다.

마음을 다잡고 막 공부를 시작하려는데 생각지도 않던 난관이 기다리고 있었다. 하루아침에 집안 사정이 어려워진 것이다. 사업을 하던 아버지가 부도를 내고 피신하는 바람에 졸지에 집도 절도 없어지고 말았다. 난생처음 가난과 맞닥뜨린 순간이었다.

당시에는 변두리였던 시흥의 친척 집에 온 가족이 얹혀살았다. 하지만 고등학생이던 여동생이 면목동에 있는 학교까지 두 시간 넘게 통학하는 것이 안쓰러워 결국 여동생이 다니는 학교 앞으로 이사를 했다.

가난을 처음 경험하던 그 당시 반찬이 없어 매일 파김치만 지겹게 먹었던 기억이 있다. 지금도 식탁에 파김치가 오르면 우리 식구들은 씩 웃으며 옛날 그 시절을 회상하곤 한다.

여름방학이었던가. 친구들을 만나러 나가려는데 돈이 없어 면목동에서 종로2가까지 걸어서 가기도 하고, 육교에서 파는 싸구려 파이프를 하나 사서 필터 없는 담배를 피우고 다니기도 했다.

그러던 어느 날 문득 하얀 내 손을 보면서 김기진의 〈백수의 탄식〉이 떠올랐다. 아무것도 할 수 없는 나 자신에게 너무 화가 났다. 그 길로 무작정 큰집에 찾아가 큰아버지께 장사를 한번 해보고 싶다며 10만 원을 융통해왔다. 지금으로 치자면 100만 원쯤 되는 돈이었다.

그 돈으로 청량리 경동시장에 가서 리어카 한 대를 샀다. 그다음에 멋진 앉은뱅이저울을 사고 싶었지만 값이 비싸서 포기하고 대신 대저울을 하나 샀다(지금도 그 대저울은 추억으로 간직하고 있다). 그리고 나머지는 감자를 사는 데 투자했다.

과일 장사를 하면 이윤이 많이 남긴 하지만 재고가 남으면 상할 수 있기 때문에 위험부담이 컸다. 이윤이 적게 나더라도 위험부담이 적은 안전한 상품을 팔아야 했다. 그래서 선택한 품목이 감자였다.

날씨가 더우니 시원하고 목 좋은 곳에서 편안히 장사를 하면 될 터인데, 초보자인 데다가 성질까지 급한지라 요령도 없이 하루 종일 청량리 일대를 돌아다니면서 부지런히 감자를 팔았다. 다행히 하루 만에 감자 원금만큼이나 돈이 남았다. 며칠 동안 감자를 팔면서 어느 정도 자신감이 생기자 드디어 품목을 과일로 바꿨다.

과일이 잘 팔리는 날은 신이 났다. 하지만 잘 팔리지 않는 날에는 떨이로 팔거나 팔다가 남은 것을 집에 가져와 식구들과 나누어 먹으며 밥 대신 과일로 배를 채워야 했다. 그렇게 일주일쯤 지나고 나니 단골이 생기기 시작했다. 손님들이 내 얼굴이 하얗고 곱상해 장사꾼처럼 보이지 않는다면서 관심을 보였다. 군대 다녀온 복학생인데 등록금을 마련하고자 방학 동안 아르바이트를 하는 거라고 둘러댔더니 아주머니들이 잘 사주었다. 그렇게 한 달 동안 장사를 한 후에 드디어 원금 10만 원을 회수했다.

돈을 들고 큰아버지께 갚으러 갔더니 기특하다며 어머니와 함께 본격적으로 장사를 할 수 있도록 밑천을 대주겠다고 했다. 나중에 들으니 큰어머니가 마음을 써주신 덕분이었다. 언젠가 과일이 너무 팔리지 않아 종로5가까지 갔다가 마침 근처에 있는 큰집에서 점심을 얻어먹은 적이 있었다. 지금까지 고생이라고는 한 번도 해본 적 없는 조카가 땀에 절어 소금기가 허연 채로 허겁지겁 밥을 먹는 모습이 큰어머니 눈에 무척이나 안쓰러웠던 모양이다. 그래서 큰아버지께 좀 도와주면 좋겠다고 권하셨다는 것이다. 큰집 식구들의 배려 덕분에 어머니와 함께 작은 구멍가게를 시작할 수 있었다.

그렇게 해서 장사와 학업을 병행하게 되었다. 장사는 그런대로 잘 되었지만 학교에 갈 시간이 없었다. 학교에 못 가는 날이 많아지고 수업 시간에 지각을 밥 먹듯이 하다 보니 학점이 좋게 나올 리가 없었다. 학점이 나쁜 것은 둘째 치고 이수 학점이 모자라서 졸업을 하지 못할 지경에 놓였다. 결국 남들은 8학기를 다니는데 나는 한 학기를 더 다녀 9학기 만에 간신히 졸업장을 받을 수 있었다.

교수 초빙 최종 면접 당시 이사장님이 "최 박사가 임용이 된다면 홍익대학교 교수 중에서 제일 학점이 나쁜데, 이렇게 공부를 못한 사람이 교수가 되면 학생들이 어떻게 생각할까요?" 하고 물었다. 학부 전체 평균 학점이 3.0을 채 넘지 못했으니 어찌 보면 당연한 걱정이었다. 그래서 이렇게 대답했다.

"그때는 철이 없어서 공부를 못했는데, 한번 보십시오. 학부 때보다는 석사 과정 성적이, 석사 때보다는 박사 과정 성적이 더 좋지 않습니까. 성적이 점점 나아진다는 건 공부에 재미를 붙이고 진짜 공부에 빠져들었다는 뜻이기도 하지요. 저처럼 열심히 하면 교수도 될 수 있다는 것을 학생들에게 보여주고 싶습니다. 노력한 결과의 본이 되는 교수가 되겠습니다."

날이 갈수록 장사는 점점 더 잘 되었다. 목이 좋았던 이유도 있었지만 어머니와 나는 하루하루 정말 열심히 일했다. 학교 가기 전에 새벽같이 일어나서 매일 가게 앞을 큰 빗자루로 깨끗하게 쓸어 냈다. 가게 앞뿐만 아니라 온 동네를 다 청소하고 다녔다. 지나가는 사람들에게는 하루에도 몇 번씩이고 인사를 했다.

몸을 사리지 않고 부지런히 하다 보니 점점 단골 고객들이 늘어나고 장사도 잘 되었다. 그렇게 하루하루 열심히 일한 끝에 마침내 달동네에 작은 집 한 칸을 장만할 수 있었다. 어머니와 함께 장사를 해서 번 돈으로 학교도 다니고, 비록 허름하나마 집도 장만했다는 사실이 뿌듯했다. 지금도 내겐 참으로 자랑스러운 일이다.

그때 얼마나 고생을 했던지 어머니는 지금까지도 허리가 좋지 않다. 젊은 나에게도 견디기 쉽지 않은 시간이었다. 혈기왕성한 나이에 하고 싶은 것도 많았고, 장사하기 싫을 때도 있었다. 하지만 단 한 번도 좌절하지 않았다. 언제나 앞으로 나는 잘 될 거라고 믿으며 밝고 씩씩하게 생활하려고 노력했다. 경제적으로 어렵다고 해서 절대 미래와 나 자신에 대한 희망을 포기하지 않았다. 어쩌면 그때부터 내 속에 '가슴청년'의 씨앗이 자라고 있었는지도 모른다.

대학 졸업반이 되니 정말로 공부를 제대로 하고 싶은 생각이 들었다. 처음으로 내 전공인 경제학이 한번 도전해볼 만한 학문이라는 생각도 들었다. 하지만 너무 늦었다는 생각에 신문방송학으로 방향을 전환했다. 학교 신문사에서 기자로 활동한 경험이 계기가 되었다. 장사하면서 학교에 다니느라 시간이 없었는데도 학보사 기자, 탈춤, 문학, 연애 등 다방면에 관심을 가지고 온갖 활동을 하고 다닌 것을 보면 아마도 본래 내가 꽤나 의욕적인 사람이었나 보다.

　　신문기자나 방송사 PD가 되고 싶다는 막연한 바람을 가지고 대학원에 진학했다. 하지만 학부 때와 전공이 달라졌기 때문에 수업 시간에 알아듣기 어려운 내용이 많았다. 처음부터 하나하나 제대로 다시 공부해보고 싶은 욕구가 생기면서 그것이 독일 유학으로까지 이어졌다. 물론 독일은 내국인이 아닌 외국인에게도 등록금을 받지 않기 때문에 생활비만 있으면 되겠다는 생각이 독일행을 결정하는 데 도움이 되었다.

든든한 버팀목, 어머니

독일에 가서 어학 과정을 끝내고 본격적으로 전공 수업을 시작하면서 정말 열심히 공부했다. 나이 서른에 난생처음 내가 원해서하는 공부였다. 공부가 재미있다고 생각한 것도 그때가 처음이었다. 밥 먹고 잠자는 시간 외에는 공부에 시간을 다 쏟았고 정말이지 공부가 그렇게 재미있을 수가 없었다. 역시 공부는 본인이 원해서 하는 것이 최고라는 것을 다시금 깨달았다.

큰 학자들의 책을 읽는 것이 즐거웠고 내가 생각한 것과 비슷한점을 발견하면 어린아이처럼 마냥 신이 났다. 그러면서도 한편으로 공부가 싫어지는 것을 항상 경계했다. 한 번 공부가 싫어지면 어떻게 될지 나 자신을 너무 잘 알기 때문이다. 그래서 공부하기가 싫어지기 전에, 공부에 꽂혔을 때 한 시간이라도 더 공부해야 했다.

그러던 중 아버지가 돌아가시는 바람에 집에서 보내주는 생활비가 끊겼다. 얼마나 어려우면 생활비를 보내지 못할까 싶었다. 그건 더 이상 돈을 빌릴 곳이 없다는 뜻이기도 했다. 그런데도 방학 때 아르바이트를 하러 다니지 않았다. 일을 하면서는 공부만 하는 사람을 결코 따라가지 못한다고 생각했기 때문이다. 집이 걱정되어서 문득문득 공부에 집중이 잘 되지 않아도 그럴수록 더욱더 열심히 파고들었다.

드디어 장학금을 받게 되었다. 독일 대학은 등록금이 없으니 전 교생에게 장학금을 주는 것이나 마찬가지다. 그래서 상대적으로 진짜 장학금을 받기가 쉽지 않았다. 장학금을 받으려면 전공과 두 개의 부전공 과목 교수님들로부터 추천서를 받아야 했다. 독일인들은 공과 사의 구별이 확실해 아무리 개인적으로 친한 사이라 할

지라도 자격이 되지 않으면 절대 추천서를 써주지 않았다. 그러니 더 열심히 공부할 수밖에.

지도교수의 대학원 수업에서는 A+를 받는 단 한 사람에게만 추천서가 허락되었다. 하지만 아무리 열심히 노력해도 매번 A0에 만족해야만 했다. 모국어로 공부하는 독일 학생들과의 경쟁이 어렵기도 했지만 교수가 되려는 독일 친구들 중에는 뛰어난 학생들이 많았기 때문이다. 그런 상황에서 드디어 A+를 받게 되었을 때 얼마나 기뻤는지 모른다. 말로 다 표현할 수 없는 기쁨이었다.

신이 나서 장학금을 타게 되었다는 소식을 전하려고 어머니께 비싼 국제전화를 걸었다. 어머니는 쉽게 믿지 못하셨다. 초등학교 이후로 아들이 공부 잘하는 모습을 한 번도 본 적이 없기 때문이다. 아들이 유학을 가고 싶다고 해서 보내긴 했지만 솔직히 큰 기대는 하지 않으셨던 모양이다. 어머니는 장학금을 받게 되었다는 경제적 혜택보다도 아들이 제대로 공부하고 있다는 사실에 더 크게 기뻐하셨다.

하지만 장학금을 받은 지 6개월 만에 지도교수와 갈등이 생겼다.

나는 어머니께서 혼자 고생하시는 것이 안타까워 빨리 공부를 마치려고 다른 것에는 눈을 돌리지 않았다. 하지만 지도교수의 생각은 달랐다. 내가 장학금을 탄 후에는 당신의 프로젝트에 신경도 안 쓰고 잘 도와주지도 않는다고 오해를 한 것이다. 결국 지도교수와 헤어지고 장학금도 더 이상 받지 못하게 되었다.

한 학기 휴학을 하고 공장에서 아르바이트를 했다. 그동안 받은 장학금도 다 갚아버렸다. 독일인 친구는 더 이상 장학금을 받지 않으면 그만인데 왜 받은 장학금까지 다시 뱉어내는지 이해가 안 된다고 했다. 나는 웃으며 내가 한국 사람이기 때문이라고 말했다. 지도교수가 내가 돈에만 관심 있는 것이 아니냐는 내용의 편지를 보내왔는데, 아무리 지도교수라지만 그런 표현은 지나치다고 생각했다. 다른 사람으로부터 그런 취급을 받고 싶지 않았다. 나로 인해 한국인에 대한 잘못된 오해와 편견이 생기는 것도 싫었다. 더구나 피 끓는 30대였으니 오기가 가득하지 않았겠는가.

그런 내게 어머니는 든든한 버팀목이 되어주셨다. 어머니가 했던 말씀이 아직도 생생하게 떠오른다. 면목이 없었지만 당시 사정을 어머니께 말씀드릴 수밖에 없었다. 지도교수와 오해가 생겨서 더 이상 장학금을 받지 못하게 되었노라고. 공장에서 일하며 그동 안 받았던 장학금을 다 갚긴 했는데 생활비가 없어 다시 전처럼 어머니 신세를 져야 할 것 같아 정말 죄송하다고 말씀드렸다. 그 러자 어머니는 무조건 잘했다고 하셨다. 앞으로는 그런 일이 다 시 일어나지 않도록 노력하라고 하셨다. 그러고는 이렇게 말씀하 셨다.

"공부가 힘들고 하기 싫어서 박사 과정을 못할 것 같으면 언 제든지 돌아오너라. 하지만 돈 때문이라면 절대 걱정하지 말 고 공부만 열심히 해라."

말 한 마디가 주는 위로의 힘이 얼마나 큰지 깨닫는 순간이었다. 나중에 귀국하고 나서야 그때 어머니가 얼마나 힘들게 버티셨는 지 알았다. 구체적인 상황을 듣고 나니 너무도 죄송하고 감사했다. 그런데도 어머니는 유학 중인 아들에게 당신이 어렵다는 말씀을 단 한 번도 하지 않았다. 오히려 항상 밝고 명랑한 모습만 보이려고 애쓰셨다. 만약 어머니가 힘들어서 도저히 안 되겠다고 사실대로 말했다면, 아니 말씀은 안 하셔도 어머니가 조금이라도 힘들어하는 기색을 보였다면 나는 당장이라도 공부를 그만두고 한국으로 돌아갔을 것이다.

힘든 상황에서도 흔들리지 않고 포기하지 않고 다시 힘을 내어 공부를 계속할 수 있었던 건 어머니의 그 말씀 덕분이었다. 그 의연함 덕분이었다. 어머니는 나의 가장 소중한 후원자이자 든든한 버팀목이었다.

하지만 또다시 위기가 닥쳤다. 지도교수가 없어졌으니 비자를 갱신하는 데 문제가 생긴 것이다. 독일이 통일되면서 외국인 정책이 바뀌어서 지도교수의 증명이 없으면 비자를 잘 연장해주지 않았다. 3개월 안에 지도교수를 구하지 못하면 공부를 포기하고 한국으로 돌아가야 하는 난감한 상황이었다.

당시 커뮤니케이션학과의 책임교수를 지도교수로 정하면 비교적 쉽게 비자를 받을 수 있었다. 그분 전공이 국제커뮤니케이션이어서 외국 학생들을 선호했기 때문이다. 하지만 어떻게든 내가 전공하고 싶은 분야의 교수를 지도교수로 모시고 싶었다.

밤을 새워가며 새로운 논문 계획서를 준비해서 새 지도교수를 찾아갔다. 처음부터 내가 처한 상황을 이야기하면 혹시라도 비자 때문에 나를 지도 학생으로 받아줄 수도 있을 것 같아서 그렇게 하지 않았다. 먼저 논문 계획서와 함께 서류를 제출하고 지도 승낙을 받은 후에야 비자 얘기를 꺼냈다. 마지막 남은 내 자존심이었다.

새 지도교수는 곧장 "카인 프로블램^{Kein Problem}!"이라고 말하고는 비서에게 비자를 위한 증명서를 만들어주라고 했다. '카인 프로블램'은 독일어 중에서 내가 제일 좋아하는 말이다. 영어로 이야기하면 '노 프라블럼^{No Problem}'의 뜻이다.

인생의 어려움을 당하고 있다면
그것을 축복으로 여겨야 한다.
기회를 얻은 것이므로
오히려 감사해야 한다.

극복하는 주문: 나는 참 멋있다

독일의 대학은 아직도 장인들의 도제제도 같은 전통을 가지고 있다. 학점을 따고 필요한 졸업 요건을 갖추는 것 이외에 지도교수의 학문적 전통을 이어가야 하고, 개인적으로 요구하는 것도 채워야 한다. 지도교수가 바뀌니 처음부터 다시 공부해야 하는 것들이 있었다.

또 독일에는 전공 이외에 두 개의 부전공을 이수해야 하는 제도가 있다. 나는 커뮤니케이션학을 전공하면서 부전공으로 사회학과 언어학을 공부했는데, 새 지도교수가 부전공을 하나 더 했으면 좋겠다고 제안했다. 그래서 이왕 늦은 김에 평소에 좋아하고 배우고 싶었던 철학을 하나 더 공부하기로 했다.

지도교수를 바꾸는 바람에 독일 유학 기간이 무려 11년이나 되었다. 지금 생각해도 공부를 너무 오래한 것 같다. 하지만 성향이 전혀 다른 두 분의 지도교수를 모시고 각기 다른 것들을 배울 수 있어서 좋았다. 이렇게 긍정적으로 생각해야지 안 그러면 어쩔 것인가.

유학 기간이 길어지다 보니 처음에 같이 공부를 시작한 한국 친구들을 먼저 보내는 일이 자주 있었다. 어렵고 힘든 과정을 같이 겪으며 공부했으니 그들을 축하해주는 마음은 당연했다. 하지만 한편으로는 섭섭한 마음과 함께 '나는 언제나 공부를 끝내고 한국에 돌아갈 수 있을까, 도대체 공부를 끝낼 수 있기는 한 걸까?' 하는 회의가 들기도 했다.

게다가 같이 공부하던 동료들이 귀국 후 교수가 되어서 가족과 함께 다시 독일을 방문했을 때는 그런 마음이 더했다. 그야말로 서로의 신분이 달라진 것이다. 그들은 여행객이었고 난 여전히 청바지에 자전거를 끌고 다니는 초라하기 그지없는 유학생이었다. 그들이 "최형! 조금만 더 고생해요. 머지 않아 고생한 보람이 있을 겁니다" 하고 말할 때면 겉으로는 고맙다고 하면서도 한편으론 허전하고 답답했다.

나중에 귀국해서 교수가 된 후에 옛날의 나처럼 박사과정을 오랫동안 하는 사람들을 만나면 그때 생각이 나서 격려의 말을 아끼지 않는다. "나처럼 10년 넘게 공부하고 마흔이 넘어 학위를 딴 사람도 교수가 되지 않았습니까. 용기를 내십시오." 하고 진심으로 격려한다.

물론 나는 절대 포기하지 않았다. 한국에서 워낙 공부를 하지 않았기 때문에 기초가 부족해서 오래 걸리는 거라고 생각하며 더 분발하려고 노력했다. 그리고 나 자신에 대해 생각하는 시간을 자주 가졌다. 하루 종일 공부를 하다가 오후 5~6시쯤 되면 저녁 식사 전에 가볍게 조깅을 하러 나가곤 했다.

집 근처 숲 속에 쾌적한 조깅 코스가 있었지만 일부러 키 큰 옥수수밭 사이로 길고 곧게 난 직선 길을 달렸다. 그리고 돌아올 때는 천천히 걸으면서 이런저런 생각을 했다. 한국에 있는 가족을 생각하기도 하고 내 미래에 대해서도 생각했다. 도대체 삶이란 무엇인지도 자주 생각했다. 말하자면 개똥철학을 한 셈이다. 지금 생각해보면 그때가 삶의 의미를 되짚으며 자연스레 내 '삶의 목적'을 정립한 시기가 아니었나 싶다.

아직도 눈에 선하다. 독일은 해가 짧아 저녁에 일찍 어두워지는 편이다. 어둑어둑 해가 지기 시작하는 저녁 하늘을 새 떼들이 까맣게 수놓을 때면 멀리서 성당 종소리가 잔잔하게 들려오곤 했다. 그러면 어쩐지 마음이 차분해지며 고향 생각이 났다. 한국에 살 때는 서울을 내 고향이라고 생각해본 적이 없는데 엉뚱하게 독일에서 내 고향 서울을 발견한 것이다.

지금도 다시 한 번 그곳에 가보고 싶다. 내 삶의 의미와 목적을 떠올리던 곳, 내 영혼과 꿈이 자라던 그곳에.

어떤 때는 일부러 두 달이 넘도록 아는 사람들을 전혀 만나지 않은 적도 있었다. 그냥 그렇게 해보고 싶었다. 한국에서는 친구들과 항상 어울려 다녔고, 사람을 워낙 좋아해서 혼자 있는 시간이 거의 없었다. 그러다 보니 나 자신을 돌아보고 나 자신과 마주하는 시간이 없었던 것이다. 혼자만의 시간이 부족해서 내적으로 성숙하지 못한 게 아닌가 하는 생각이 들기도 했다. 마치 수도승처럼 이 세상에 나 혼자만 존재하는 듯한 극한 상황으로 나 자신을 내몰고 싶었다.

혼자만의 시간을 보내는 동안 깨달았다. 자기 자신을 발견하려면 가끔은 외로울 필요가 있다는 것을. 고독해야만 진정한 나를 비로소 만날 수 있다는 것을. 그 시절을 경험삼아 학생들에게도 자주 이야기한다. 가족들과 떨어져 기숙사 생활이나 자취하는 것을 외롭다고 생각할 것이 아니라 오히려 혼자만의 시간으로 잘 활용하라고, 자신을 돌아보는 그 시간이 스스로를 부쩍 자라게 할 거라고.

하루는 논문 진도도 잘 안 나가고 외로운 마음도 들어 기숙사 근처에 있는 호수로 산책을 나갔다. 이 생각 저 생각을 하며 호수를 몇 바퀴 돌았던 것 같다. 생각에 몰두하다 보니 평소 알고 지내던 한국인 부부를 미처 보지 못했는데, 나중에 그 사람들이 이런 이야기를 했다.

비가 부슬부슬 오는데(독일은 비가 자주 내린다) 내가 바바리코트 깃을 세우고 깊은 사색에 잠겨 홀로 호숫가를 산책하는 모습이 참 멋있더란다. 그래서 일부러 말을 걸지 않았단다. 그때가 개인적으로는 가장 힘든 시기였는데도 다른 사람들의 눈에는 그런 내가 멋있게 보였던 것이다.

가슴청년이여! 힘들 때는, 어려울 때는, 외로울 때는 반대로 자기 자신이 멋있다고 생각해보라. 비록 나는 내 모습을 볼 수 없지만 다른 사람들의 눈에는 당신이 멋있게 보일 수 있다. 그리고 실제로 당신은 그들의 눈에 보인 것보다 훨씬 더 멋있고 근사한 삶을 살아낼 수 있다.

내 이름은 "긍정 최"

공부를 마치고 드디어 박사 학위를 받았다. 11년 만의 일이다. 한 가지 보람 있는 일은 지도교수님이 당신의 저서에 내가 박사 학위 논문에서 발전시킨 이론적 모델을 커뮤니케이션 분야에서 새로운 이론 중의 하나로 소개해준 일이다. 나로서는 더없는 영광이었다. 후에 내 논문의 심사위원 중 한 분이었던 교수님이 내 모델을 피알PR 분야에 적용시켜 새로운 모델을 학술지에 발표하면서 이후 다른 학자들에 의해 다수 인용되는 기회도 더불어 얻게 되었다. 귀국 후에는 논문의 일부를 발전시켜 학회에 발표했는데 그 논문이

그해 신진 학자에게 수여하는 최우수논문상을 수상하기도 했다. 노력하고 애쓴 시간에 대한 보상이 조금씩 나타나는 듯해서 매우 뿌듯하고 감사했다.

◢

학위를 받고 귀국해서는 홍대와 고대에서 시간강사를 했다. 다음 해에는 결혼을 하고 방송위원회 정책연구실에 선임 연구원으로 일하게 되었다. 그다음 해에는 아들이 태어나 늦깎이 아버지가 되었다. 내 인생에서 가장 행복한 시기였다. 고생 끝에 찾아온 낙이라고나 할까.

하지만 교수가 되는 것은 쉽지 않았다. 방송위원회에 근무하면서 여러 군데 교수 초빙에 지원했는데 계속 낙방이었다. 나이가 많다거나 일류 대학을 나오지 못했다는 것이 이유였다. 씁쓸하긴 했지만 그래도 실망하지 않았다. 한 일주일 정도 기분 나빠 하고 속으로 "사람 보는 눈들이 없구먼. 당신들, 아까운 인재 하나 놓쳤어!" 하고는 툭툭 털어버렸다. 그리고 다시 마음이 가는 학교에 계속 지원했다. 그러던 중 드디어 대구효성가톨릭대학교(현 대구가톨릭대학교)에 신설된 신문방송학과 교수로 초빙되었다. 내 나이 마흔 다섯 살의 일이었다.

⚘

　가슴청년이여! 취직이 안 된다고 절대 좌절하지 마시라. 어찌 보면 취직도 배우자를 만나는 과정과 같다. 상대방이 나를 맘에 안 들어 한다고 해서 내가 형편없는 사람은 아니다. 단지 상대방이 좋아하는 타입이 아니고 나와 인연이 아닌 것뿐이다. 어딘가에 내 짝이 있는 것처럼 나와 연을 맺을 직장도 분명히 있다.

　좌절하고 절망할 것이 아니라 오히려 상대방의 입장에서 나를 부족하다고 여기는 이유가 무엇인지 생각해보고 그 점을 보완하려고 노력하는 것이 훨씬 건설적이다. 예를 들어 상대방이 출신학교 같은 나의 배경을 문제 삼는다면 그것은 어차피 바꿀 수 없는 일이다. 그러니까 그 외에 나머지, 내 노력으로 바꿀 수 있는 것들을 개선하면 되는 것이다.

⚘

　대구효성가톨릭대학교 신문방송학과는 신설 학과여서 내가 선임 교수였다. 지금의 홍익대학교 광고홍보학부처럼 신설 학과의 기초를 다지고 졸업생들이 취직을 잘 할 수 있도록 돕는 것이 내 임무였다.

1기 남학생들이 군대를 가는 바람에 첫 번째 졸업생은 전부 여학생들이었다. 여학생들은 신문사나 방송국 같은 언론사에 취직하기가 어려웠다. 물론 서울의 오랜 명문 대학 출신들에게도 쉬운 일이 아니었다. 그래서 언론사뿐만 아니라 여학생들이 취직할 수 있는 곳을 찾아보고 취업의 문을 확장할 필요가 있다고 생각했다. 그때 떠오른 것이 바로 출판사와 잡지사였다. 잡지사는 전통적인 오프라인 잡지와 당시 막 시작한 웹진으로 구별되었다. 웹진은 현업에 있는 전문가 한 분을 섭외해서 부탁을 드리고, 전통적인 잡지 수업은 2학년 때 내가 맡아서 지도했다.

나는 커뮤니케이션을 이론적으로 공부한 사람이지 현장 출신이 아니었다. 그래서 학생들을 지도하기 전에 6개월 동안 출판편집디자인 학원에 다니며 퀵익스프레스, 일러스트레이터, 포토샵 같은 프로그램을 배웠다. 덕분에 출판잡지론 수업에서 이론과 함께 실습도 직접 지도할 수 있었다. 아마도 내 나이에 전공 교수를 제외하고 이런 프로그램들을 잘 다룰 수 있는 사람은 그리 많지 않을 것이다. 나 역시 조금은 어설플 수밖에 없었다.

다행스럽게도 재학생 중에 이 프로그램들을 잘 다루는 학생이 있어서 조교 역할을 시키고 수업 후에 학생들을 가르치도록 했다. 그리고 학생들에게 당시 막 창간된 《페이퍼》라는 잡지를 샘플로 사주며 그것을 참고해 창의적인 잡지를 만들어보게 했다.

출판, 잡지 분야의 권위자이신 원로 교수님께 우리 학과와 내 입장을 전하고 학기 말에 와서 학생들이 만든 잡지를 평해주시길 부탁드렸다. 감사한 마음에 사비를 털어 왕복 비행기 표를 보내드리고, 대구공항으로 마중 나가 좋은 호텔에서 점심 식사도 대접해드렸다. 그런데 교수님은 학생들이 만든 잡지를 보고는 깜짝 놀라며 학생들에게 그저 인사치레가 아닌 진심에서 우러나오는 격려의 말씀을 해주셨다.

비록 테크닉은 다소 부족하지만 창의성이 매우 뛰어나다는 것이었다. 그러고는 바로 다음 학기부터 출판잡지론 수업을 담당할 실력 좋은 강사 분을 소개해주셨다.

3학년 때는 방송제작실습 수업을 맡았다. 물론 방송사에 계신 분께 부탁했다면 내가 지도하는 것보다 수업 내용이 훨씬 더 좋았을 수도 있다. 하지만 1기 학생들만큼은 직접 지도하고 싶었고, 무엇보다 수업에 대한 열의만큼은 내가 더 클 거라고 생각했다.

　학생들을 지도하기 위해 1년 전 겨울방학 때부터 당시 방송개발원에서 주최하는 이론 교수들을 위한 방송제작 워크샵에 가서 전체적인 개관을 파악했다. 여름방학 때는 중앙일보 다큐멘터리 전문 채널인 'Q채널'에서 하는 VJ^{Video Journalist} 과정에 들어가서 방송제작을 배우며 다큐멘터리도 직접 만들어보았다.

　당시 외국인 노동자 문제가 한창 사회적 이슈가 될 때여서 개인적으로 아는 신부님의 주선으로 소개받은 중국 동포 한 분의 산업재해를 다큐로 만들었다. 그 어설픈 다큐의 엔딩 자막에는 제작, 기획, 대본, 촬영, 편집, 내레이션에 모두 내 이름만 나온다.

　드디어 방송제작실습 첫 수업 시간이 되었다. 첫 시간에 내가 만든 다큐를 학생들에게 보여주며 이렇게 말했다.

"여러분도 알다시피 나는 방송을 이론적으로 공부한 사람이지 현장 출신이 아닙니다. 그래도 1년 전부터 이러저러하게 공부해서 내가 직접 방송을 만들어봤습니다. 물론 어설픕니다. 하지만 처음부터 배워서 작품을 만드는 거라면 나이 먹은 나보다는 젊은 여러분이 훨씬 더 낫지 않겠습니까? 그러니 우리 한번 도전해봅시다!"

다행히도 그때 막 방송이 디지털화된 때여서 돈이 생각보다 많이 들지 않았다. 우리 같은 신설학과도 스튜디오 없이 방송제작에 엄두를 낼 수 있었던 것이다. 그렇게 학생들은 맨땅에 헤딩을 시도했고 수많은 시행착오를 겪은 후 학기말이 되어서는 빛나는 자신감을 얻었다. 나는 아직도 그때 학생들이 만든 비디오를 소중히 간직하고 있다.

실습하는 수업에 열을 올리는 한편으로 진로상담도 준비했다. 2학년부터 학생들이 자신의 진로 문제에 스스로 관심을 갖게 하고,

매 학기 맞춤형 진로상담을 해나갔다. 심지어 3학년 2학기 때 지금의 홍익대 광고홍보학부로 이직을 했는데도 그 학기에 대구까지 가서 수업 후 진로상담을 계속했다. 내가 생각해도 참 유별난 선생이었던 것 같다.

4학년 때는 취직 준비만 하면 되니, 그래도 내가 뿌린 씨를 거두고 싶은 심정이었다. 그 결과 1기 여학생 스무 명 중에(나머지 남학생 스무 명은 군대에 갔다) 세 명이 방송사에 취직했다. 한 명은 우리나라 굴지의 대기업 사내방송 PD로, 또 한 명은 케이블 TV의 PD, 그리고 나머지 한 명은 지방 KBS의 작가로 취직한 것이다. 이러한 결과가 참 자랑스럽고 학생들에게 고마운 마음이 들었다. 그 학생들은 곧 내 첫 번째 꿈이자 첫사랑이었기 때문이다.

굳이 왜 그렇게까지 했을까? 왜 그토록 최선을 다했을까? 개인적으로는 나와 같은 어려움을 겪지 않게 하려는 이유였다. 하지만 외적인 동인도 있었다. 처음 교수가 되어서 내가 학생들에게 열심을 다하자 한 선배 교수가 조언을 해줬다.

"최 교수가 처음 와서 잘 모르는 것 같은데, 열심히 해도 별 소용이 없을 겁니다. 신설학과인 데다가 여긴 그렇게 좋은 대학이 아니거든요. 이 학교보다 더 좋은 대학들도 쉽지 않은 판에……."

한마디로 헛고생하지 말라는 소리였다. 나는 속으로 외쳤다. '어떻게 해보지도 않고 포기를 한단 말인가. 비록 결과가 안 좋게 나올지라도 시도는 해봐야지!'

대구효성가톨릭대학교를 떠나오긴 했지만 그 제자들과는 아직도 연락을 하고 지낸다. 한 번 제자는 영원한 제자다. 그때의 열정과 사랑은 그 후 지금 몸담고 있는 홍익대 광고홍보학부 학생들에게로 그대로 이어지고 있다. 지금도 여전히 나는 나이 먹지 않는 가슴청년으로 계속 남아 있다.

사람들은 나를 "긍정 최"라고 한다. 가능하면 모든 것을 다 긍정적으로 보려고 노력하고 어떤 면에서는 낙천적이기도 하다. 한때 작가를 꿈꾸던 시절이 있었으나 작가가 될 수 없었다. 물론 능력도 부족했지만 작가는 세상에 대한 문제의식이 있어야 하는데 어린 내 눈에는 세상이 그저 아름답게만 보였기 때문이다.

그때만큼은 아니지만 나이를 먹은 지금도 세상을 좋게 보려고 노력한다. 오죽하면 주위에 있는 사람들이 내가 말하는 것의 70~80퍼센트 정도로 낮추어 들으면 딱 맞다고들 할까. 뭐든 항상 다 좋게만 보기 때문이란다.

나 같은 사람이 사업을 하면 문제가 많을 것이다. 다행히 나는 사업가가 아니라 사람을 키우는 교수다. 나는 이렇게 말한다. 돈이 들어가는 것도 아니고 손해를 보는 것도 아닌데 다른 사람을 좋게 이야기하는 것이 뭐가 어떠냐고.

긍정적으로 생각하는 것에 좋은 점 하나가 더 있다. 부정적인 성향의 사람들은 미리 걱정을 하는 경향이 있다. 아직 일이 벌어지거나 전개되지도 않았는데 '혹시 이렇게 되면 어쩌나, 저렇게 되면 어쩌나' 하고 걱정을 미리 사서 한다. 걱정해서 해결될 일이라면 당연히 걱정을 해야겠지만 걱정한다고 일이 해결되지는 않는다. 오히려 걱정 때문에 될 일도 더 안 된다. 그러니까 미리 걱정할 필요는 없다. 걱정할 시간에 문제 해결에 도움이 될 만한 무언가를 시도해보는 편이 더 낫다.

간절히 바라는 마음, 즉 기도하는 마음을 갖는 것도 큰 도움이 된다. 심리적인 염원이 자신의 생각과 행동에 긍정적으로 영향을 미치기 때문이다. 나는 미리 걱정하지 않는다. 오히려 만약 상황이 내가 바라는 것과 반대로 전개된다면 어떻게 할 것인가를 생각한다. 그러면 결과적으로 마음이 편해지고 일의 해결에도 긍정적인 영향을 미치게 된다. 긍정심리학의 연구 결과들도 이를 뒷받침하고 있지 않은가.

좌절하고 절망할 것이 아니라 오히려 상대방의 입장에서

나를 부족하다고 여기는 이유가 무엇인지 생각해보고

그 점을 보완하려고 노력하는 것이 현명한 일이다.

가슴청년의 축복

　사람들은 고통을 두려워한다. 그래서 되도록 고통을 겪지 않기를 바란다. 하지만 내 생각은 다르다. 고통을 겪는 게 불행한 것은 아니다. 단도직입적으로 말하자면 '고통은 열정의 원동력'이기 때문이다.

　인생에서 뜻하지 않게 어려움을 겪게 되는 사람들은 그 어려움을 통해서 정신적(영적)으로 성장하는 행운을 얻게 된다. 예를 들어 부모님의 실직, 이혼, 사망 등으로 학교를 중단하게 된다든지, 또는 경제적인 어려움으로 인해 휴학을 하거나 아르바이트를 해서 학비를 마련해야 하는 등의 어려움이 닥치면 스스로 그 상황을 극복하는 과정을 겪으면서 자신도 모르게 성장을 체험하게 된다.

그리고 그 과정에서 고통을 대하는 태도가 달라진다. 고통 자체를 자신을 억압하는 것으로 보지 않고 배움의 기회로 여기게 되는 것이다. 또한 일시적인 역경 다음에는 분명 좋은 결과가 따를 것이라고 자신하게 된다.(윌리엄 데이먼William Damon, 〈무엇을 위해 살 것인가 *The Path to Purpose: How Young People Find Their Calling in Life*〉)

성장을 통해서 전에는 생각하지 못했던 '삶의 의미'를 떠올리게 되고 이 과정에서 자신의 '삶의 목적'을 발견하게 된다. '삶의 목적'이란 "자신의 삶에서 궁극적인 관심사이고 그것을 이루기 위해 자신을 헌신할 수 있는 것"이라고 정의할 수 있다. 흔히 목표와 목적을 혼동해서 사용하지만 이 두 가지 의미는 전혀 다르다.

목표는 단기적이고 변할 수 있는 반면, 목적은 장기적이고 궁극적인 것이다. 예를 들어 시험에서 좋은 성적을 얻거나 좋은 대학에 입학하는 일은 목표하고 할 수 있다. 반면 의대에 들어가 의사가 되어 환자들을 돌보는 것은 목적이라고 할 수 있다. 바로 이 삶의 목적이 여러분의 인생을 긍정적인 방향으로 이끄는 원동력이 되는 것이다. 따라서 목적을 가지고 사는 사람과 그렇지 않은 사람의 삶은 질적으로 차이가 날 뿐 아니라 그 결과 또한 전혀 다르게 나타난다.

생물학적인 나이를 떠나 모든 사람들에게 '가슴청년'이 되라고 말하는 이유가 여기에 있다. 나이가 아무리 젊다 해도 가슴이 뛰지 않는다면 가슴청년이 아니다. 하지만 나이가 아무리 많아도 가슴 뛰는 미래에 대한 희망을 가지고 있다면 당신은 가슴청년이다. 즉 가슴청년은 삶의 목적을 갖고 있는 사람이며, 삶의 목적을 갖고 있으면 가슴청년이다.

삶의 의미에 대해 깊이 생각하고 고민하는 과정을 통해서 삶의 목적을 가지게 되고, 삶의 의미를 성찰할 기회는 역설적으로 어려운 과정을 겪으면서 얻게 된다. 이러한 의미에서 "목적은 평온한 시기에는 행복을, 고난의 시기에는 인내할 수 있는 회복력을 부여한다."(윌리엄 데이먼, 〈무엇을 위해 살 것인가〉, 한국경제신문사)고 할 수 있다.

즉 고통을 통해서 자신의 삶에 대한 열정의 원동력을 얻게 되는 것이다. 세계적인 베스트셀러 〈목적이 이끄는 삶 *The Purpose Driven Life*〉 (디모데출판사)의 저자인 릭 워렌 *Rick Warren* 목사는 "고통은 열정을 위한 자료다. 우리가 보통 때 갖고 있지 않은 변화에 대한 열망을 일으키는 에너지다."라고 말한다. 한 가지 재미있는 것은 나 역시 릭 워렌의 〈목적이 이끄는 삶〉을 읽으면서 삶의 목적에 대한 생각을 갖게 되었는데, 위에서 인용한 스탠포드 대학의 윌리엄 데이먼 교수도 자신의 책 〈무엇을 위해 살 것인가〉에 대한 아이디어를 나와 같은 책에서 얻었다고 한다.

릭 워렌의 〈목적이 이끄는 삶〉이 기독교 관점에서 '삶의 목적'을 이야기하는 책이라면, 윌리엄 데이먼의 〈무엇을 위해 살 것인가〉는 교육심리학의 입장에서 청소년들의 '삶의 의식'에 대한 풍부한 예를 담고 있는 책이다. 특히 후자는 청소년들이 어려운 상황에서 삶의 목적을 가짐으로써 그들의 삶이 어떻게 변하는지 보여주는 실질적인 예들을 많이 담고 있다. 두 책 모두 삶의 방향성을 짚어보기에 좋은 책이니 한번 읽어보길 권한다.

만일 여러분이 지금 어려움에 처해 있다면, 나중에 세월이 한참 지난 다음에 지금의 나처럼 그 어려움을 소중한 추억으로, 자랑스러운 과거의 한 페이지로 여기게 될 것이 분명하다. 그러니 인생의 어려움을 당하고 있다면 그것을 축복으로 여겨야 한다. 지금 어떠한 형태로든 어려운 상황에 처해 있다면 삶이 풍성해질 수 있는 기회를 얻은 것이므로 오히려 감사해야 한다. 그것이야말로 가슴 청년이 고통을 대하는 자세다.

제 3 교시

생각으로 삶이
달라진다

마음껏 놀면서 경험하라

이리저리 흔들려도 좋다

선택하고 준비하라

흔들림 없이 가라

생각으로
삶이
달라진다

언젠가 한 졸업생이 이런 내용의 메일을 보내온 적이 있다. 업무차 지방으로 출장을 갔다가 밤늦게 일을 마쳤다고 한다. 여관이나 모텔에서 자는 것이 싫어서 늦은 밤 자동차를 몰고 돌아오는 길, 한참 운전을 하다가 졸려서 음악을 들으려고 수납함을 열었는데 내가 선물한 〈Jazz for Lovers〉 CD가 있더란다. 그런데 첫 곡을 듣는 순간 조치원 시절이 떠올라서 왈칵 눈물이 나왔다고. 그 시절의 추억과 함께 내가 들려주었던 이야기들이 생생하게 기억났다며 메일을 보내왔다.

학생들이 보기에 나는 그리 만만한 선생이 아니다. 대충 넘어가는 법이 없어 종종 학생들을 괴롭게 만든다. 수업 시간에도 학생들에게 상당히 많은 것을 요구하는 편이다. 어쩌면 그 때문에 나를 별로 좋아하지 않는 학생들도 있을지 모른다.

대신 한 학기에 한 번 중간고사를 치른 다음 주에는 수업을 하지 않고 학생들과 한 박자 쉬어가는 시간을 갖는다. 시도 읽고 음악도 들으며 우리만의 특별한 시간을 갖는다. 현재를 견뎌내야 하고 미래를 준비해야 하는 학생들에게 어쩌면 사치일 수도 있지만 이 시간을 포기할 생각은 없다. 아무리 바쁜 삶이라 해도 가끔씩은 자신을 돌아보는 여유를 갖는 것이 필요하기 때문이다.

"열심히 일한 당신, 떠나라!" 한때 유명했던 광고 카피를 기억하는가. 무슨 일이 됐든 자기 자리에서 열심히 최선을 다했다면 쉼을 누릴 자격이 충분하다는 뜻이다. 노력의 대가로 스스로에게 휴식의 시간을 주는 것은 보상의 의미도 있지만 재충전의 기회가 되기도 한다.

나 역시 그동안 열심히 해준 학생들에게 잠시나마 휴식의 기회를 주고 싶었다. 그렇다고 해서 마냥 노는 것은 아니다. 주로 이 시간에는 미래에 대해 막연한 불안감을 안고 있는 학생들에게 진로에 관한 이야기를 들려준다. 지금부터 그 이야기를 해보려고 한다.

학생들에게 들려주는 음악은 주로 독일 유학 시절 즐겨듣던 재즈^{jazz} 음악을 편집한 것이다. 개인적으로 퓨전^{fusion} 재즈보다는 비밥^{bebob}이나 쿨 재즈$^{cool jazz}$ 같은 1940~1950년대의 모던 재즈를 더 좋아해서 이 음악들을 매 학년 수업 시간에 서너 곡씩 들려주곤 한다. 그렇게 들려주었던 음악들을 모아 CD로 만들어 졸업할 때 학생들에게 선물한다. 다소 촌스러운 느낌이 들긴 하지만 그래도 추억으로 간직하길 바라는 마음에서 CD 케이스 안쪽에 이렇게 적어 넣는다.

"조치원에서 함께 보낸 시간을 기억하며 여러분의 무궁한 발전을 기원합니다."

당신의 인생에서 가장 중요하게 생각하는 것은 무엇인가? 아마도 '나는 누구인가? 나는 왜 이 세상에 존재하는가? 나는 어디서 와서 어디로 가고 있는가?' 하는 의문들에 답하는 일일 것이다. 즉 '존재의 이유'와 '삶의 목적'에 관한 문제들이다. 하지만 대부분의 사람들은 이러한 근본적인 문제를 거의 잊고 살아간다. 더구나 이러한 문제의 해답을 찾는 것은 사실상 불가능한 일이기도 하다.

다만 분명하게 말할 수 있는 건 이 문제를 생각하면서 살아가는 삶과 그렇지 않은 삶 사이에는 엄청난 차이가 존재한다는 것이다.

삶의 질이 전혀 달라질 수 있기 때문이다. 그러니 가끔씩이라도 시간이 날 때마다 생각 주머니에서 한 번씩 꺼내 보라. 그 문제들을 생각하는 것만으로도 당신의 삶이 달라질 수 있다.

그다음으로 중요한 문제는 '이 세상을 어떻게 살아갈까?' 하는 것이다. 즉 '삶의 방법'에 관한 문제다. 그나마 이 질문은 상대적으로 좀 쉬운 편이다. 여기에 대해서는 많은 사람들이 자기 나름대로의 답을 가지고 있다. 아마도 가장 많이 나오는 대답은 '행복하게 사는 것'일 것이다.

행복한 삶에 대한 정의는 그렇게 대답한 사람의 수만큼이나 많을 수 있지만 어쨌든 행복하게 살려면 직업이 필요하다. 그러니 그 질문은 '무엇을 하며 살아갈까?'와도 연결된다. 이것은 절대로 피할 수 없는 질문이다. 그러니 이제 이 세상을 어떻게, 무엇을 하면서 살아갈 것인지 곰곰이 생각해봐야 할 때다.

마음껏 놀면서 경험하라

지금은 우리 학부에도 교수진이 열 명이나 있어서 내가 2, 3학년 수업을 주로 하지만, 처음에는 교수가 많지 않아서 마치 시골 분교의 선생님처럼 1학년부터 4학년까지 다 지도해야 했다. 이렇게 전 학년 학생들을 만나다 보니 각 학년에 맞는 내용의 진로상담을 할 필요가 있었다. 학년별로 음악과 시도 구분해서 들려주어야 했다.

여기 1학년 신입생에게 들려주던 시가 있다. 하지만 굳이 신입생이 아니어도 좋을 듯하다. 무언가 새롭게 첫발을 내딛는 이들에

게, 나이를 불문하고 이제 막 새로운 일을 시작하려는 가슴청년에
게 이 시를 들려주고 싶다.

우화의 강

마종기

사람이 사람을 만나 서로를 좋아하면
두 사람 사이에 서로 물길이 튼다.
한쪽이 슬퍼지면 친구도 가슴이 메이고
기뻐서 출렁이면 그 물살은 밝게 빛나서
친구의 웃음소리가 강물의 끝에서도 들린다.

처음 열린 물길은 짧고 어색해서
서로 물을 보내고 자주 섞여야겠지만
한세상 유장한 정성의 물길이 흔할 수야 없겠지.
넘치지도 마르지도 않는 수려한 강물이 흔할 수야 없겠지.

긴 말 전하지 않아도 미리 물살로 알아듣고
몇 해쯤 만나지 못해도 밤잠이 어렵지 않은 강
아무려면 큰 강이 아무 의미도 없이 흐르고 있으랴.
세상에서 사람을 만나 오래 좋아하는 것이
죽고 사는 일처럼 쉽고 가벼울 수 있으랴.

큰 강의 시작과 끝은 어차피 알 수 없는 일이지만
물길을 항상 맑게 고집하는 사람과 친하고 싶다.
내 혼이 잠잘 때 그대가 나를 지켜보아주고
그대를 생각할 때면 언제나 싱싱한 강물이 보이는
시원하고 고운 사람을 친하고 싶다.

- 〈그 나라 하늘빛〉(마종기, 문학과지성사, 1991) 중에서

시인이며 의사인 마종기 님의 시다. 마종기 시인은 내가 어렸을 때 읽었던 동화 〈떡배 단배〉를 지은 아동문학가 마해송 선생님의 아들이다. 젊었을 때 미국으로 이민 가서 오랫동안 고국을 그리워하며 살다가 이렇게 깊고 아름다운 시가 나온 게 아닌가 싶다.

당신에게는 이런 사람이 있는가? 이토록 아름다운 이성 친구를 갖고 있는가? 그렇다면 행운이다. 굳이 이성이 아니라 동성이어도 좋을 것 같다. 이런 귀한 사람을 가지고 있는 것도 물론 행복한 일이지만, 거꾸로 자신이 다른 사람에게 이런 사람이 되어보는 것은 어떨까.

유아적 성인에서 벗어나라

1학년 학생들에게는 두 가지 이야기를 한다. 하나는 성인으로서 자신에 대한 자각이다. 아직 성년의 날을 맞지 않았기 때문에 더

러 법적으로 자신은 성인이 아니라고 생각하는 학생들도 있다. 물론 아직 부모님께 경제적으로 예속되어 있다면 엄밀한 의미에서 온전한 성인이라고 주장할 수는 없다. 진정한 성인으로서의 자존감은 경제적인 독립 없이는 불가능하니까.

하지만 대학에 들어오면 이미 성인이나 마찬가지다. 지금이라도 결혼해서 유모차를 밀고 다닐 수도 있고, 넥타이 매고 직장 생활을 할 수도 있다. 다만 좀 더 나은 미래를 준비하고자 성인으로서의 생활을 잠깐 유보한 것뿐이다.

미성년자와 성인의 차이는 무엇일까? 성인은 자신의 행동에 대해 스스로 결정하고 책임질 수 있는 능력을 갖춘 사람이다. 그런 의미에서 우리는 모두 성인이다. 강의 시간에 내가 학생들에게 존댓말을 하는 이유도 거기에 있다. 물론 개인적으로 만났을 때조차 존댓말을 사용하면 인간적인 매력도 없어 보이고 상대가 불편할 것 같아 친근감을 높이고자 편하게 말하지만 교수와 학생 사이는 근본적으로 성인으로서 서로 존중하고 인정해주어야 하는 관계다.

이들을 성인으로서 존중하는 만큼 성인에 걸맞은 행동을 요구한다. 대학생 정도 되었다면 성인으로서 자존감과 책임을 가지고 행동해야 한다. 하지만 우리 사회에는 아직 몸과 나이만 자란 유아적 성인이 많다. 마음이 자라지 못해 아직 철들지 않은 성인이다. 이들은 왜 성인이 되지 못했을까? 생각하지 않기 때문이다. 앞서 말한 대로 자신의 삶에 대해, 삶의 이유와 목적에 대해 전혀 생각하지 않기 때문이다.

회사에서 신입사원을 채용하면 감사의 표시로 신입사원의 어머니에게 꽃을 보내야 한다는 우스갯소리가 있다. 구직하는 입장에서 좋은 회사에 취직하기가 어렵듯이 구인을 하는 회사 입장에서도 좋은 사람을 뽑는 것이 쉽지 않기 때문이다. 그러나 진짜 이유는 힘들게 신입사원을 뽑아놓았는데 일이 좀 어렵다 싶으면 쉽게 회사를 그만두는 사람이 많기 때문이다. 이러한 결정의 배후에 바로 엄마라는 존재가 있다.

성인으로서 자존감을 갖기란 타인으로부터의 독립 없이는 불가능하다. 일단 성인이 되는 과정은 부모님과 가족들에게 의존하지 않고 자신의 일을 스스로 생각하고 고민하고 결정하는 데서부터 시작된다.

그런 면에서 고향을 떠나 자취를 하거나 기숙사 생활을 하는 학생이 많은 조치원은 진정한 성인이 되는 연습을 하기에 매우 적합한 장소라고 할 수 있다. 혹시라도 연습이 낯설거나 힘들다고 걱정할 필요는 없다. 지진아에 가까웠던 나도 나이 서른에 유학 생활을 하면서 비로소 성숙한 성인이 되기 시작했으니.

잘 노는 사람이 일도 잘한다

다른 한 가지 조언은 "원 없이 놀아라!"이다. 고등학교 때 대학 입시만 바라보고 긴 시간 고생했으니 열심히 놀 자격이 충분하다. 요즘은 취직하는 일이 마치 인생 최대의 목표인 것처럼 되어 2학년부터 취직 준비를 시작해야 한다. 그래서 놀 시간이 많지 않다. 일부러라도 놀아야 할 지경이다. 나 역시 1학년 때는 좀 놀라고 권장한다.

노는 것도 생각 없이 그냥 놀라는 것은 아니다. 고등학교 시절에 공부하기 힘들 때마다 나중에 대학 가면 꼭 해보고 싶어 꿈꾸던 일들이 있다. 그런 일들을 시도해보는 것이다. 정확히 이야기하면 다양한 경험을 하면서 노는 것이다.

평소 배우고 싶었던 것을 배워보는 것도 좋을 것이고, 방학 동안에 아르바이트를 하면서 인생 경험도 하고 돈도 벌어 부모님께 작은 선물이라도 할 수 있으면 금상첨화다. 입시 뒷바라지하느라 고생도 많이 하고 대학 등록금 마련하기도 만만치 않을 텐데 그렇게라도 마음을 전한다면 부모님이 얼마나 대견해하겠는가.

학교 안에서 동아리에 가입하거나 또는 학교 밖에서 동호회 활동을 해보는 것도 좋다. 나는 학생들한테 종종 이렇게 말한다. 나중에 후회 없도록 마약만 빼고 하고 싶은 것은 다 해보라고. 이왕이면 많은 경험을 쌓으면서 낭만적으로 놀 수 있다면 더욱 좋겠다.

흔히 남자들은 군대를 갔다 와야 사람이 된다고 한다. 그 말에 꼭 동의하는 것은 아니지만 그래도 군대에 갔다 오면 공부하지 말라고 해도 알아서 열심히들 한다. 참 신기한 일이다. 여학생들은 군대에 안 가도 모든 일을 알아서 열심히 잘 한다. 남자가 여자보다 발달이 느리고 정신연령도 낮다는 말이 어느 정도는 맞나 보다.

어쨌든 남학생들은 군대에 가기 때문에 대학 생활이 6~7년 정도 된다. 그러나 여학생들은 군대에 가지 않으니 상대적으로 즐길 수 있는 청춘이 짧다. 억울해하지 않으려면 여학생들은 1학년 때 더 열심히 놀아야 하지 않을까?

죽도록 연애도 해보라. 실연도 하고 방황도 해보라. 나는 술을 잘 못해서 대학 때 연애에 실패하고 이기지도 못할 술을 먹느라 괴로 웠지만 한편으로는 이런 쌉쌀한 추억조차 낭만으로 기억될 만큼 소중하다. 아무리 세상이 현실 지향적으로 변하고 삭막해졌다 해 도 이런 낭만조차 없다면 그것이 무슨 청춘이겠는가.

그렇다고 너무 일찍 상대를 정해버리지는 말자. 영화 〈건축학개 론〉에 나오는 남자 주인공 같은 순둥이도 만나보고, 이 사람 저 사 람한테 양다리 걸치는 바람둥이도 만나보라. 그래야 나중에 후회 도 없고, 어느 날 진짜 자신의 반쪽을 만났을 때 제대로 알아볼 수 있는 안목도 갖출 수 있을 테니.

잘 노는 사람이 일도 잘한다. 기업 면접에서 개인의 능력보다 조 직 융화 능력을 중요시하고, 인사 담당자의 80퍼센트가 잘 노는 인 재를 선호한다는 조사 결과가 이를 말해주고 있다. 잘 노는 사람 이 일도 더 잘하고 더 창의적이다. 최근 들어 아이들 교육에 있어서도 '놀이의 힘'이 주목받는 이유이다.

다양한 사람들과 어울려 놀면 사회성이나 팀워크도 좋아진다. 더구나 우리 사회는 이제 산업형 사회에서 여가형 사회로 구조 자체가 달라지고 있다. 예전처럼 놀이와 일을 구분하던 시대는 지난 것이다.

노는 것처럼 일하고 일하는 것처럼 놀아야 일 자체가 즐겁고 행복하다. 당연히 업무 효율성이나 업무 성과도 좋아진다. 그러니 이제 이렇게 말하고 싶다.

"열심히 준비한 당신, 신 나게 놀아라!"

죽도록 연애도 해보라.

실연도 하고 방황도 해보라.

이런 낭만조차 없다면

그것이 무슨 청춘이겠는가.

이리저리 흔들려도 좋다

여기저기 기웃거려라

나는 신입생들이 1학년 때 학점이 얼마나 좋은지, 또는 학점이 얼마나 형편없는지 관심 없다. 2NE1의 노래 제목처럼 "아이 돈 케어 I don't care"다. 내가 관심을 가지는 것은 바로 '지금부터'다. 이제 당신의 인생을 다시 시작할 시간이다.

"공부할 때는 공부하고 놀 때는 놀자." 내 생활신조 중의 하나다. 그런데 이도 저도 아닌 사람들이 생각보다 많다. 놀 때는 공부 걱정하느라 맘 편히 못 놀고, 공부할 땐 놀고 싶어서 공부에 집중하지 못한다. 일도 마찬가지다. 무슨 일이든 그 일에 집중해서 하지 않으면 죽도 밥도 안 된다. 화끈하게 놀고 제자리로 돌아와야 할 땐 미련 없이 돌아서자.

그동안 원 없이 놀았으니 이제 슬슬 공부를 시작해볼 차례다. 여기서 말하는 공부란 색연필로 책에다 마구 줄긋고 영단어 계속 외워대는 그런 공부가 아니다. 물론 그런 공부도 필요하겠지만 진짜 공부는 따로 있다. 자신의 미래에 대해서 고민하고 준비하는 것이 진짜 공부다. 그러려면 먼저 자신이 좋아하는 것들을 발견해야 한다. 그중에서 가장 하고 싶은 것을 신중히 선택하고, 그것을 자신의 미래로 실현시켜야 한다.

지금 당장 결정할 필요는 없다. 자신이 좋아하는 일, 앞으로 하고 싶은 일들을 찾아 여기저기 그냥 기웃거리기만 하면 된다. 미리부터 정하지 말고 이걸 해볼까 저걸 해볼까 왔다 갔다 그냥 흔들려도 좋다.

가지 않은 길

로버트 프로스트

단풍 든 숲속에 두 갈래 길이 있더군요.
몸이 하나니 두 길을 다 가볼 수는 없어
나는 서운한 마음으로 한참 서서
잣나무 숲속으로 접어든 한쪽 길을
끝 간 데까지 바라보았습니다.

그러다가 또 하나의 길을 택했습니다.
먼저 길과 똑같이 아름답고,
아마 더 나은 듯도 했지요.
풀이 더 무성하고 사람을 부르는 듯했으니까요.
사람이 밟은 흔적은
먼저 길과 비슷하기는 했지만.

서리 내린 낙엽 위에는 아무 발자국도 없고
두 길은 그날 아침 똑같이 놓여 있었습니다.
아, 먼저 길은 다른 날 걸어 보리라! 생각했지요.

인생길이 한 번 가면 어떤지 알고 있으니
다시 보기 어려우리라 여기면서도.

오랜 세월이 흐른 다음
나는 한숨지으며 이야기하겠지요.
"두 갈래 길이 숲속으로 나 있었다. 그래서 나는
사람이 덜 밟은 길을 택했고,
그것이 내 운명을 바꾸어 놓았다"라고.

– 〈나를 매혹시킨 한 편의 시〉(김윤식 외, 문학사상사, 1999)에서 인용

The Road Not Taken

Robert Frost

Two roads diverged in a yellow wood,
And sorry I could not travel both
And be one traveller, long I stood

And looked down one as far as I could
To where it bent in the undergrowth;

Then took the other, as just as fair,
And having perhaps the better claim,
Because it was grassy and wanted wear;
Though as for that the passing there
Had worn them really about the same,

And both that morning equally lay
In leaves no step had trodden black.
Oh, I kept the first for another day!
Yet knowing how way leads on to way,
I doubted if I should ever come back.

I shall be telling this with a sigh
Somewhere ages and ages hence;
Two roads diverged in a wood, and I -
I took the one less travelled by,
And that has made all the difference

살면서 한 번쯤은 이 시를 들어봤을 것이다. 미국의 시인 로버트 프로스트*Robert Lee Frost*의 〈가지 않은 길*The Road Not Taken*〉이다. 생각보다 그리 어렵지 않으니 원어로도 한번 읽어보길 권한다.

당신이라면 어떤 길을 가겠는가? 프로스트처럼 사람들이 덜 밟은 길을 택해도 좋고, 사람들이 많이 가는 길이라도 좋다. 스스로 선택한 길이라면 어떤 길이어도 상관없다. 다만 남들이 많이 간다고 해서 아무 생각 없이 따라가거나, 또는 별로 내키지 않는데도 그냥 등 떠밀려 가는 길이라면 차라리 가지 않는 편이 낫다. 큰길이든 좁은 길이든 분명한 건 자신이 스스로 선택한 '나의 길'이어야 한다. 자신의 길을 찾으려면 앞서 이야기한 대로, 우선 이리저리 기웃거리고 흔들려보아야 한다.

우리 광고홍보학부를 예로 들면, 먼저 광고와 홍보 분야에 어떤 내용contents이 들어 있는지 알아야 한다. 그러려면 학부에서 제공하는 여러 전공과목들을 골고루 들어볼 필요가 있다. 이러한 이유에서 대부분 1학년 때 개론 과목을 들은 후에 2학년 때 본격적으로 전공에 입문할 수 있도록 여러 과목들을 개설한다.

다른 경우도 마찬가지다. 여러 분야의 전공과목들을 두루 섭렵하면서 자신과의 관련성을 살펴보아야 한다. 즉 어떤 분야에 자신이 흥미를 가지고 있으며, 어떤 분야가 잘 맞는지를 살펴보는 것이다. 만약 해당 분야에 관심이 없다면 전공과 관련 없는 제3의 무엇이라도 상관없다.

좋아하는 일을 하라

앞으로 어떤 직업을 갖고 어떤 일을 하며 살아갈지는 매우 중요한 문제다. 하지만 자신의 진로에 대한 구체적인 비전을 갖고 있지 못한 사람들이 생각보다 꽤 많다. 또한 이러한 결정을 하는 것이 무척 어렵다고 생각한다. 어렵게 생각할 필요 없다. 자신이 좋아하는 일을 직업으로 선택하면 된다.

우리 부모님 세대는 자신이 하고 싶은 일을 직업으로 선택할 수 있는 기회가 많지 않았다. 가족을 부양해야 하고 먹고살기에 바빴기 때문이다. 소수의 선택된 사람들만이 자신이 좋아하는 일을 하며 살아갈 수 있었다. 하지만 지금은 세상이 달라졌다. 직업이 단지 먹고살기 위한 수단만은 아닌 것이다.

물론 여전히 직업은 생계를 유지하는 중요한 수단이지만, 직업에 따라 그 사람의 삶의 방식이 달라진다. 즉 직업은 자신이 바라는 삶을 실현시키는 수단인 셈이다. 따라서 직업에 대한 가치관과 관점이 달라져야 한다.

자신이 하고 싶은 일을 직업으로 선택했다 하더라도 살다 보면 분명 싫증날 때가 있을 것이다. 부부도 마찬가지다. 처음에는 사랑해서 결혼했으면서도 이혼하는 사람들이 그토록 많은 것을 보면 알 수 있다. 그럴진대 하기 싫은 일을 직업으로 택한다면 어떻게 되겠는가? 자신이 하고 싶은 일을 직업으로 택해야 하는 이유가 여기에 있다.

문제는 이러한 결정을 자기 자신 이외에 아무도 대신 해줄 수 없다는 사실이다. 스스로 선택하고 책임질 수 있어야 한다. 그러려면 자신이 정말 하고 싶은 일이 무엇인지 많이 생각하고 끊임없이 자기 자신에게 물어야 한다. 충분한 자기 점검을 거친 후에 어느 정도 생각이 모아지면 실제로 자신이 그 일을 좋아하는지 확인하는 일련의 작업이 필요하다.

먼저 자신이 선택하려는 직업에 대해 알아보아야 한다. 그냥 머릿속으로만 고민할 것이 아니라 그 일에 대한 여러 가지 정보를 찾아보는 작업이 필요하다. 그러다 보면 어느 정도 생각이 정리된다. 요새는 청년실업 등으로 취직의 중요도가 높아졌기 때문에 학교 안팎으로 취직에 관한 정보를 제공하고 상담해주는 '취업정보센터' 같은 기구들이 많다. 이런 제도를 충분히 활용하는 것이 좋다.

그다음에는 자신이 진출하고 싶어 하는 분야에 현재 종사하고 있는 사람들을 만나보는 것이 좋다. 말하자면 살아 있는 정보를 실제로 만나보는 것이다. 기왕이면 자신과 비슷한 배경을 가지고 있는 선배들을 만나는 것이 좋겠다.

선배들을 만나보면 업종에 대한 정보뿐만 아니라 나중에 시행착오를 줄일 수 있는 노하우도 함께 얻게 된다. 다만 한 가지 주의할 것은 그들의 조언이 개인적인 경험일 수도 있다는 것을 염두에 두어야 한다. 그래서 적어도 세 사람 정도는 만나보는 것이 좋다.

요새는 많은 사람들이 아파트에 살고 있어서 잘 쓰지 않지만, 옛날에 한옥에서 온돌 생활을 할 때는 "구들장을 지다"라는 말이 있었다. 밖에 잘 나가지 않고 방에만 틀어박혀 생각이 많은 게으른 사람을 이르는 표현이다.

생각만 해서는 자신이 좋아하는 일을 발견할 수 없다. 일단 어느 정도 생각이 정리되면 움직여야 한다. 그것이 실제로 자신에게 잘 맞는지, 정말로 자신이 좋아하는 일인지 반드시 확인해야 한다. 실제로 들어가 보지도 않고 집에서 구들장만 지고 있으면 문제가 해결되겠는가?

그러려면 실제로 자신이 선택하려는 일이 속해 있는 영역으로 망설임 없이 쑥 들어가 보는 것도 좋다. 들어가서 맞으면 "아! 이거구나!" 하게 될 것이고, 아니면 "아! 이건 아니구나!" 하고 나오면 되는 것이다. 그러고 나서 또 다른 분야를 찾아보면 된다. 즉 그 분야가 자신에게 잘 맞고 자신이 좋아하고 있는지를 실제 체험을 통해서 확인하는 것이다.

가장 좋은 방법은 방학 등을 이용해 자신의 전공과 관련된 분야에서 아르바이트를 해보는 것이다. 예를 들어 우리 광고홍보학부 학생들의 경우는 광고, 홍보, 그리고 제3의 무엇 중에서 하나를 선택하게 한다. 그리고 자신이 선택한 세 가지 중에서 무엇을 가장 좋아하는지 알아보게 한다.

이 수업도 듣고 저 수업도 들어보면서 어떤 것이 자신과 맞고 마음에 드는지 스스로를 관찰해보는 것이다. 그다음 광고나 홍보 동아리 활동도 해보고, 공모전에도 도전해본다. 그 분야에서 일하는 선배들도 만나 정보를 얻는다. 그리고 마지막으로 방학을 이용해서 광고회사나 홍보회사에서 아르바이트를 하며 그 일을 직접 체험해본다.

어떤 교수들은 광고홍보학과이니까 전공을 살려 광고나 홍보 관련 업종으로 취업하기를 적극 권장하기도 한다. 아마도 학생들이 전공 공부에 더 집중하라는 취지일 것이다. 내 생각은 좀 다르다. 물론 전공과 관련된 일을 직업으로 선택할 수 있다면 가장 이상적이다. 현장에서 여러 가지 이점도 있다. 하지만 자신이 좋아하는 일이라면 전공과 관련 없는 어떤 일이라도 괜찮다.

예컨대 자기가 좋아하는 일이라면 공무원을 하든, 학원 강사를 하든 상관없다. 다만 전공이 아닌 일을 선택하려면 그 만큼의 어려움을 감수해야 한다. 만약 공무원이 되고 싶다면 조치원이 아니라 노량진에 가서 왔다 갔다 해야 할 테니.

🌿

직업을 선택하는 과정에서 확신이 서지 않는다면 두 마리 토끼를 동시에 고려하는 것도 한 방법이다. 옛날에는 두 마리 토끼를 쫓지 말라고 했지만 지금은 두 마리 정도는 괜찮은 듯하다. 세 마리는 좀 많은 것 같고. 다만 그 두 분야가 서로 연관성을 갖는 경우라야 한다.

가장 좋은 것은 나중에 이 일도 하고 저 일도 할 수 있도록 서로 공통되는 부분이 있는 분야를 선택하는 것이다. 예를 들어 광고와 홍보를 동시에 고려하다가 졸업을 전후해서 인연이 닿는 어느 하나를 선택하면 된다. 하지만 어떠한 경우에도 자신이 좋아하는 일을 선택하는 것이 가장 우선되어야 한다.

평생직장의 개념이 없어진 요즘은 제2, 제3의 인생을 새롭게 시작하는 사람들이 많이 있다. 이들의 경우 직업에 대한 절박함이 더할 것이다. 지금 당장 생계를 책임져야 하는 부담감과 노년에 대한 불안감 때문에 묻지도 따지지도 않고 무조건 돈 되는 일에 뛰어드는 우를 범하는 경우가 많다. 결국에는 적금과 퇴직금까지 다 날리고 절망의 나락에 빠지고 만다.

제2, 제3의 인생을 성공적으로 사는 사람들의 공통점 역시 얼마나 자신이 좋아하는 일을 하는가이다. 좋아하는 일을 선택해야 오랫동안 즐겁게 일할 수 있고, 즐겁게 일하는 것이 건강과 행복을 지키는 길이다. 지금 당장 부족한 듯해도 자신이 좋아하는 일을 찾는 것이 멋진 노년을 위한 현명한 선택일 것이다.

지금 당장 결정할 필요는 없다.

자신이 좋아하는 일,

앞으로 하고 싶은 일들을 찾아

여기저기 그냥 기웃거리기만 하면 된다.

선택하고 준비하라

첫 마음을 가슴에 품어라

무릇 세상의 모든 것은 변하지 않는 것이 없다. 다 변하기 마련이다. 불교에서는 이것을 무상無常이라고 하는데, 불교의 기본 교리중의 하나이자 불교의 출발점이기도하다. 사람도 마찬가지다.

〈님의 침묵〉에서 만해萬海 한용운도 "황금의 꽃같이 굳고 빛나던 옛 맹세는 차디찬 티끌이 되어서 한숨의 미풍에 날아갔습니다. 날카로운 첫 키스의 추억은 나의 운명의 지침을 돌려놓고 뒷걸음쳐서 사라졌습니다"라고 노래하지 않았는가.

처음에 굳게 먹었던 마음도 시간이 지나면 변하기 마련이다. 이 점을 경계하라고 3학년이 되면 다음과 같은 시를 들려준다.

첫 마음

정채봉

1월 1일 아침에 찬물로 세수하면서 먹은 첫 마음으로
1년을 산다면,

학교에 입학하여 새 책을 앞에 놓고
하루일과표를 짜던 영롱한 첫 마음으로 공부를 한다면,

사랑하는 사이가
처음 눈을 맞던 날의 떨림으로 내내 계속된다면,

첫 출근하는 날
신발 끈을 매면서 먹은 마음으로 직장 일을 한다면,

아팠다가 병이 나은 날의

상쾌한 공기 속의 감사한 마음으로 몸을 돌본다면,

개업 날의 첫 마음으로 손님을 언제고
돈이 적으나, 밤이 늦으나 기쁨으로 맞는다면,

세례 성사를 받던 날의 빈 마음으로
눈물을 글썽이며 교회에 다닌다면,

나는 너, 너는 나라며 화해하던
그날의 일치가 가시지 않는다면,

여행을 떠나던 날
차표를 끊던 가슴 뜀이 식지 않는다면,

이 사람은 그때가 언제이든지
늘 새 마음이기 때문에

바다로 향하는 냇물처럼
날마다 새로우며, 깊어지며, 넓어진다.

- 생각하는 동화 시리즈 2, 〈내 가슴 속 램프〉 중에서

내가 좋아하는 아름다운 시인 정채봉 님의 시다. 정채봉 시인이 우리 곁을 떠난 지도 어느덧 10년이 넘었다. 아마도 많은 사람들은 애니메이션 영화 〈오세암〉의 작가로 기억하고 있을 것이다.

이 시를 읽으면 조치원에 온 지 얼마 되지 않았을 때 학생들에게 들려줄 시를 고르느라 시집을 잔뜩 사서 읽던 때가 생각난다. 그 중에서도 아동문학가 정채봉 시인의 〈생각하는 동화〉 시리즈 다섯 권을 음미하며 읽었던 기억이 새롭다.

당신은 어떤가? 당신이 학교에 또는 직장에 처음 들어왔을 때 먹었던 '첫 마음'을 아직도 간직하고 있는가? 초심初心이라는 말이 우리에게 너무나 익숙해져서 본래의 의미를 잃어버릴까봐 정채봉 시인은 초심 대신 '첫 마음'이라는 단어를 사용하고 있는지도 모른다.

우리가 초심을 잃어버리는 것은 어찌 보면 자연스럽고 당연한 일이다. 세상의 모든 것이 변하게 마련이니까. 그래서 잊지 않으려고, 잃어버리지 않으려고 계속해서 자기 자신을 돌아보게 되는 건지도 모른다.

진로 선택을 위한 사전 점검

모든 학년이 다 중요하지만 3학년은 대학생활에서 가장 중요한 시기다. 전공이 심화되는 시기고, 인생의 철도 들기 시작하는 나이고, 취직에 대한 압박도 서서히 밀려드는 때다. 2학년까지는 여전히 우왕좌왕하며 헤매고 어딘가 아직 설익은 느낌이 난다. 4학년은 본격적인 취직 준비로 정신없이 바쁘기 때문에, 아마도 3학년이 대학생활의 꽃을 피우는 시기가 아닐까 싶다.

그런 이유에서 3학년이 되면 '소비자 행동' 수업을 통해 진로상담을 진행한다. 수업을 듣는 학생들이 100명쯤 되니까 두 명씩 친한 사람끼리 짝을 지어 면담을 하면 대략 50시간 정도가 걸린다. 따지고 보면 수업을 하나 더 하는 셈이다. 등록금은 이미 학교에 다 냈고 그렇다고 학생들에게 개인적으로 돈을 받을 수는 없으니 대신 그 시간에는 선물을 요구한다.

물건이나 하드웨어는 절대 받지 않는다. 자신이 관심 있는 분야에 대한 정보나 지식 또는 소프트웨어만 받는다. 예를 들어 어떤 학생이 만화에 관심이 있다면 '죽기 전에 꼭 읽어야 할 101가지 만화책' 목록을 가져오면 되는 것이다.

학생들이 가장 많이 선물하는 항목은 음악, 독서, 시, 영화, 연극, 여행, 뮤지컬, 만화, 요리, 피부 관리, 파워블로그, 맛집 정보 등이다. 이렇게 학생들에게 개인적으로 시간을 할애하는 대신 내가 잘 모르는 분야에 대한 정보나 지식을 얻으면서 학생들과 눈높이를 맞춰간다.

진로상담에서 학생들에게 기본적으로 제시하는 공통 질문을 일일이 묻고 답하려면 시간이 너무 많이 걸린다. 그래서 학기 초에 미리 설문지를 나눠주고 중간고사가 끝나면 개별 면담을 시작한다. 다음의 내용이 바로 그 설문지다. 책을 읽는 독자들도 진로상담을 받는다고 가정하고 설문지를 작성해보라. 물론 전공이 다른 경우가 많고 또 이미 취업에 성공한 분도 있겠지만 이 설문을 통해서 자신의 진로를 다시 한 번 점검하는 기회를 갖기를 바란다.

진로상담을 위한 설문

1. 성명 :

2. 학번 :

3. 전화 :

4. 현주소 :

5. 졸업 후 어떤 계획을 가지고 있는가?

6. 졸업 후 어떤 직업을 갖기 원하는가?

7. 졸업 후 근무하고 싶은 직장은 어디인가? (구체적)

8. 이 직업을 본인이 가질 수 있는 가능성에 대한 평가는? (7점 척도)

```
   1    2    3    4    5    6    7
   ← 불가능              가능 →
```

9. 이 직업을 위해서 지금까지 어떤 준비를 해왔는가?

10. 이 직업을 위해서 앞으로 어떤 준비를 할 것인가?

11. 이 직업을 갖는 것이 어렵다면, 다음으로는 어떤 직업과 직장을
    선택할 것인가?

12. 본인의 현재 영어 실력은?(7점 척도)

```
1   2   3   4   5   6   7
← 낮다              높다 →
```

13. 현재 어떠한 방법으로 영어 공부를 하고 있는가?

14. 4학년 2학기 초에 예상되는 당신의 영어 실력은?(7점 척도)

```
1   2   3   4   5   6   7
← 낮다              높다 →
```

15. 전공에 대해서 만족스러운 점은?

16. 전공에 대해서 불만족스러운 점은?

17. 전공에 대해서 바라는 점은?

18. 나(최용주)에게 바라는 점은?

19. 광고홍보학과(부)를 졸업한 뒤 가질 수 있는 직업에는 어떠한 분야들이 있다고 생각하는가?

20. 이러한 직업들은 어떤 방법으로 유능한 사람을 선택한다고 생각하는가?(분야별로 각각 답하시오)

21. 이러한 직업은 어떤 능력을 필요로 한다고 생각하는가?
(분야별로 답하시오)

22. 이러한 직업을 갖기 위해서는 어떠한 준비를 해야 한다고
생각하는가?(분야별로 답하시오)

23. 자신의 성격, 장점, 단점, 지금까지의 활동사항, 앞으로의
계획 등을 포함하여 〈자기소개서〉를 크리에이티브하게
A4 용지에 작성하여 첨부하시오.

(※ 분리되지 않도록 스테이플러로 첨부할 것)

이 진로상담 설문지는 내용을 미리 검토해 시간을 절약하려는
의도도 있지만 진짜 의도는 다른 데 있다. 학생들이 설문지를 작
성하는 과정에서 자신의 진로 문제에 대해 본격적으로 고민하
고, 그동안 자신의 진로에 얼마나 관심을 갖고 고민해왔는지를 돌
아보게 하려는 의도이다. 말하자면 진로 선택을 위한 사전 점검이
라고나 할까.

그렇다고 모든 학생들이 의무적으로 진로상담을 해야 하는 것은 아니다. 진로상담을 원하지 않는 학생들에게는 설문지만 제출하게 한다. 자신의 진로에 대해 진지하게 생각해볼 기회를 주는 것이다.

중간고사를 치른 다음 주부터는 수업이 비는 틈틈이 학생들을 면담한다. 이때는 4주 동안 마치 점쟁이처럼 방에 앉아 학생 손님들을 계속 받는다. 면담은 한 시간 동안 진행되는데, 공통되는 부분에 대해서는 내가 먼저 이야기를 하고 나머지 시간은 학생들의 질문에 내가 답하는 형식으로 진행된다.

자신의 실력을 최대한 노출하라

이제 3학년이 되었으니 본격적으로 취직 준비를 해야 한다. 그렇다면 실질적으로 취직 준비는 어떻게 해야 할까? 물론 취직이라는 단어를 표현하고 있지만 이 말은 단지 회사에 취직하는 것만 뜻하는 것은 아니다. 좀 더 폭 넓게 해석하여 당신의 인생을, 당신의 미래를 설계하고 디자인하는 과정의 의미로 해석해도 좋다.

여기서는 홍익대 광고홍보학부를 예로 들어보자. 졸업을 앞두고 어떤 광고회사를 목표로 해야 할까? 4학년 2학기에 되든 안 되든 어디든 원서를 내봐야 할까? 제일기획? 그 외의 메이저 광고회사? 일단 이런 메이저 광고회사를 목표로 해야겠지만 이런 회사들은 경력사원 위주로 뽑기 때문에 신입사원 채용 비율은 매우 낮다. 따라서 실력이 있어도 아예 뽑지 않으면 들어가지 못할 수도 있다.

그렇다면 어떻게 해야 할까? 그냥 일편단심 메이저 광고회사만 목표로 삼아야 할까, 아니면 다른 대안을 마련해야 할까? 물론 자신이 바라는 최선의 것을 추구해야 한다. 하지만 다른 한편으로는 만약의 경우를 대비해 다른 대안도 고민해보아야 한다. 대안을 마련해두지 않으면 졸업이 점점 가까워질수록 초조해지기만 할 뿐이다.

마치 바둑에서 초읽기에 몰리면 최선의 실력을 발휘할 수 없듯이 충분히 실력이 있는 사람도 시간에 쫓기면 조급함 때문에 눈높이가 점점 낮아질 수밖에 없다. 하지만 대안을 마련해두면 자신감이 생긴다. "메이저 광고회사가 되면 더 좋고, 안 되면 내가 마련해둔 대안이 있으니까!" 하는 배짱도 생긴다. 오히려 이러한 자신감으로 인해 메이저 광고회사 면접에서 좋은 결과를 낼 수도 있다.

그러면 대안은 어떻게 마련해야 할까? 결론적으로 말하면 '방학 때 내 힘으로 들어갈 수 있는 작은 광고회사에서 아르바이트를 하는 것'이다. 다시 한 번 강조하면 취직하는 것이 아니라 아르바이트를 하는 것이다. 상대가 누구든 취직을 부탁하면 부담스럽기 마련이다. 하지만 취직이 아니라 아르바이트 부탁은 서로 부담이 없다. 오히려 마침 참한 아르바이트 학생을 찾는 중일 수도 있다.

자, 이제 아르바이트 자리를 얻었다면 어떻게 해야 할까? 명목상으로는 아르바이트라고 했지만, 마음속으로는 흑심을 품어야 하는 것인가? 물론이다. 당연히 취직을 하러 간 것이다. 그러니 당연히 사소한 일 하나라도 최선을 다해야 한다.

우선 성실함을 보여준다. 출근 시간보다 일찍 출근해서 청소도 깨끗이 하고 없는 휴지통도 비운다. 직원들이 출근하면 차도 한 잔씩 권한다. 회사에서 아르바이트생들이 주로 하는 일이 무엇인가? 자료 찾고 정리하는 일이다. 예컨대 담당 직원이 자료를 찾아달라고 하면 말이 떨어지기가 무섭게 제일 좋은 자료를 바로 찾아주는 것이다. 물론 이때도 "이런 것은 어떨까요? 제가 좀 더 찾아보았습니다." 하면서 요청한 것보다 더 많은 양질의 자료를 제시할 수 있으면 좋다.

그럴 가능성은 별로 없지만 직원들이 기획 회의를 하는 자리에 배석했다고 가정해보자. 자기들끼리 한참 회의를 하다가 사장님이 한 마디 한다. "혹 자네도 좋은 아이디어 있으면 한번 말해보게." 절대 놓칠 수 없는 기회다. 기획서도 작성할 수 있는데 그까짓 아이디어 하나 못 내겠는가? 광고기획쯤은 혼자서 얼마든지 할 수 있을 것이다. "제 생각에는 이러저러해서 이렇게 접근하면 어떨까 싶습니다." 그러면 사장님이 "그거 좋은 아이디어인데!" 라고 할 것이다. 물론 최상의 시나리오라면 말이다.

한 달 동안 성실과 실력을 다했으니 아르바이트를 마치는 날 사장님 입에서 무슨 소리가 나오도록 해야 할까? "자네 졸업하면 우리 회사에서 일할 생각 없나?" 혹은 최소한 "자네한테 좋은 인상을 받았는데 4학년 때 다시 한 번 와보게!"라는 말은 들어야 하지 않겠는가. 그렇게 된다면 일단 자신의 힘으로 취직할 수 있는 작은 회사에 한 자리는 맡아둔 셈이다.

앞서 말한 대로 4년 동안 열심히 공부해서 실력을 갖추었더라도 대기업은 공채를 하기 때문에 취직하는 것이 생각보다 쉽지 않다. 하지만 개인 회사는 성실과 실력을 인정받으면 취직이 상대적으로 쉽다. 이러한 이유에서 자력으로 취직할 수 있는 작은 회사에서 아르바이트하기를 권하는 것이다. 취직은 누가 시켜주는 것이 아니라 자신의 힘으로 미리미리 준비해야 한다.

물론 늘 해피엔딩으로 끝나는 것은 아니다. 요즘 경제가 좋지 않으니 막상 취직하러 갔을 때에 사장님이 회사 사정이 좋지 않아 미안하다며 양해를 구할지도 모른다. 그러니까 이렇게 자신의 힘으로 취직할 수 있는 회사를 몇 군데 더 만들어놓으면 비교적 안심이다. 나는 학생들에게 일찌감치 2학년 때부터 방학을 이용해 흑심 품은 아르바이트를 시작하길 권한다.

이상하게도 이런 준비는 남학생보다 여학생이 더 잘하는 듯하다. 몇 년 전에는 이런 경우도 있었다. 한 여학생이 방학 때마다 광고회사에서 꾸준히 아르바이트를 해왔는데 졸업할 때 여러 회사로부터 동시에 스카우트 제의를 받고 어디가 좋을지 내게 조언을 요청해온 적이 있다. 말 그대로 골라가는 것이다. 남들은 취직 걱정하느라 바쁜데 이 여학생은 그야말로 행복한 고민에 빠졌다.

흥미로운 것은 이런 사람들은 인맥 관리도 잘한다는 것이다. 아르바이트가 끝나도 그것으로 끝이 아니라 계속해서 관계를 이어 나간다. 예를 들면 학기 중에도 전화를 걸어 "제가 도와드려야 하는데 과제가 많아서 방학 때 가서 도와드릴게요." 하고는 방학이 되면 진짜 한 식구처럼 며칠씩 밤을 새가며 함께 일을 한다. 일 때문이 아니어도 근처 지나다가 들렀다면서 간단한 음료수를 사들고 찾아가기도 한다. 성실하고 실력 있는 데다 붙임성, 사교성까지 있는 사람을 어찌 예뻐하지 않을 수 있겠는가.

그러면 이런 아르바이트는 어떻게 구할 수 있을까? 가장 손쉬운 방법은 선배나 아는 사람에게 부탁하는 것이다. 앞서 이야기한 대로 취직을 부탁하는 것이 아니어서 서로 부담이 덜하다. 이들의 입장에서도 마침 아르바이트할 사람을 구하고 있거나 아는 지인에게 부탁을 받았을 수도 있다. 구직이 더 힘들지만 구인도 쉽지 않은 일이니까. 그러니 망설이지 말고 이 사람 저 사람에게 아르바이트 자리를 부탁해보자.

그보다 더 좋은 방법은 직접 온오프 상에서 부지런히 뛰어다니는 것이다. 해당 회사의 홈페이지나 구직 사이트를 찾고, 직접 회사의 담당자들에게 메일을 보내거나 방문을 하는 것이다. 이것은 나중에 본격적인 취직 준비를 할 때에도 좋은 경험이 된다.

기업 현장에서 아르바이트를 해보는 것은 또 다른 중요한 의미가 있다. 이 분야가 자신에게 맞는지 안 맞는지를 실질적으로 확인하는 기회가 되기 때문이다. 만일 어떤 사람이 특정 분야를 선호하다가 운 좋게 굴지의 회사에 취직했다고 가정해보자. 막상 취직을 해보니 업무가 본인이 생각했던 것과 전혀 다르다면 곧 그 회사를 그만두어야 할 것이다.

우리 학부의 여학생 중에는 이벤트 회사를 선호하는 이들이 많다. 그런데 대부분 방학 중에 이벤트 회사에서 아르바이트를 하고 오면 진로를 바꾸어야겠다고 말한다. 재미는 있는데 체력이 달려서 힘들다고 한다. 이벤트 회사는 아직까지 근무 환경이 열악한 곳이 많아서 몸으로 때우는 일이 많기 때문이다. 하지만 이것은 실패가 아니다. 그 일이 자신에게 맞는지 미리 확인한 좋은 경험이다.

본격적으로 직업을 선택하기 전에 스스로 확인하고 점검하는 일은 많이 하면 할수록 좋다. 겉으로 보는 것과 직접 경험하는 것은 전혀 다를 수 있다. 그러니 방향을 바꾸게 되더라도 전혀 부끄러워하거나 스스로를 탓할 필요가 없다. 경험하지 않고 무작정 뛰어드는 것이 오히려 더 위험할 수 있으므로.

커뮤니케이션은
자신을 표현하는 것뿐만 아니라
다른 사람을 이해하는 데
필요한 도구이다.

 구체적으로 계획하고 점검하라

4학년 때는 바로 취직을 할 수 있기 때문에 3학년 학생들에게 남은 시간이 실질적으로 많지 않다. 그래서 3학년 수업 중에 칠판에다 길게 수평선을 그리고 8등분을 한 뒤 이미 지나간 학기와 4학년 2학기에 빗금을 긋는다. 그러면 학생들이 아! 하고 한숨 섞인 탄성을 지른다. 앞으로 졸업할 때까지 시간이 얼마 남지 않았다는 사실을 시각적으로 확인하는 순간이다. 그렇다. 시간이 많지 않으니 전체적인 개관을 가지고 구체적인 계획을 세운 뒤 하나하나 점검해 나가야 한다.

먼저 개관을 해보자. 앞으로 해야 할 일들을 몇 가지 분야로 나누어 전체적인 계획을 세운다. 가령 이런 식이다. 첫째, 앞에서 이야기한 아르바이트나 인턴십. 둘째, 광고 및 홍보공모전. 셋째, 영어를 포함한 소위 스펙 쌓기. 넷째, 개인적으로 관심이 있는 것 등으로 분야를 나눈다.

그다음 앞으로 남은 시간을 월 단위, 주 단위로 나누어 구체적인 계획을 세운 뒤 매주 점검하면서 계획을 조절한다. 예를 들어 잘하는 것은 그대로 진행하고, 진행하면서 상황이 달라지는 것은 방향을 조율한다. 그리고 계획보다 늦어지는 것에 대해서는 다시 한 번 스스로를 재촉한다.

이런 식으로 구체화해서 진행하다 보면 '그냥 열심히 해야지'라고 생각만 하고 구체적으로 실현시키지 못하는 경우와 양적으로나 질적으로나 크게 차이가 난다.

스펙보다 중요한 자기소개서

다들 자기소개서가 중요하다고 한다. 왜 그럴까? 어떤 회사에서 신입사원 열 명을 뽑는데 무려 1,000명이 지원을 했다고 가정해보자. 그 회사에서 어떤 방법으로 열 명을 가려낼 수 있을까? 당신이 그 회사의 인사 담당자라면 어떻게 하겠는가?

아마도 일단 서류심사를 통해 반 정도는 추려낼 수 있을 것이다. 출신 학교를 볼 수도 있고 학점을 따질 수도 있다. 출신 학교는 바꿀 수 없는 것이니까 차치하고 학점을 기준으로 삼는다면 어느 정도면 될까? 4.0 혹은 3.5 이상? 성적은 좋으면 좋을수록 좋겠지만 3.5 정도 이상이면 되지 않을까 싶다.

이쯤에서 학생들은 소위 스펙에 대해서 언급한다. 스펙이 어느 정도 되어야 하는지 궁금해한다. 물론 스펙도 중요하다. 하지만 앞으로 스펙의 비중은 점차 줄어들 것으로 예상된다. 원래 지원자를 차별화하려고 스펙을 고려한 것인데 모든 학생들이 스펙에 힘을 쓰니 차별화의 의미가 없어졌기 때문이다. 더구나 취업을 위한 의도적인 스펙 쌓기가 이뤄지다 보니 정작 업무 능력과는 상관없는 경우가 많다.

스펙 좋은 학생들이 반드시 업무 능력이 뛰어난 것은 아니어서 회사 입장에서도 그 부분이 어느 정도 고려되고 있다. 현재로서는 스펙과 업무능력 간에 상관관계가 상당히 낮은 편이다. 그러니 앞으로 차별화의 기준이 되었던 스펙의 중요성은 비교적 약해질 것으로 보인다.

그러면 어떻게 해야 할까? 스펙을 높여야 할까, 포기해야 할까? 모든 사람들이 스펙에 힘쓰는데 나만 가만히 손 놓고 있을 수는 없다. (물론 그렇게 할 수 있다면 멋진 사람이겠지만) 지금으로서는 스펙도 평균 정도는 해놓고 다른 사람들과 차별화할 수 있는 자신만의 무엇인가를 만드는 것이 더 중요하다. 이 이야기는 뒤에서 다시 하기로 하자.

🍃

어쨌든 이렇게 다음 단계에서 반 정도인 500명이 선택되었다고 가정하자. 500명 중에서 다시 면접을 할 100명을 선발해야 한다면 그다음 선별 기준은 무엇이 될까? 그야 당연히 자기소개서다. 500명의 스펙이 서로 비슷비슷하기 때문에 이들을 구별할 방법이 자기소개서 말고는 없다. 그러니 어쩌면 자기소개서가 스펙보다 더 중요할 수도 있다. 더구나 스펙보다 시간과 노력이 훨씬 적게 드니까 경제적이다.

그렇다면 자기소개서는 어떻게 써야 할까? 자기소개서는 크게 두 가지로 나누어 생각할 수 있다. 하나는 내용이고 다른 하나는 형식이다. 먼저 내용부터 이야기하면, 자기소개서의 내용에는 최소한 세 가지가 들어가야 한다. 첫째 '나는 이런 사람이고 지금까지 이렇게 살아왔다'는 내용이다. 즉 자신의 개인적인 이야기다. 출신과 성장배경, 성격, 장단점, 학교 및 외부활동 등을 기술한다.

둘째, '나는 이 회사에 들어오려고 이러이러한 준비를 해왔다'는 내용이다. 이 직업을 갖기 위해서 자신이 어떤 능력을 갖추려고 노력했는지 쓰면 된다. 학교에서 무엇을 전공했고, 그중 어떤 분야에 관심을 갖고 있으며, 전공과 관련된 동아리 활동을 하면서 어떤 공모전에 참여했고, 외부적으로는 어떤 회사나 단체에서 어떤 활동을 하면서 어떤 역할을 통해 어떤 경험을 하며 어떤 능력을 갖출 수 있었다는 식이다.

마지막으로 세 번째 내용은 무엇일까? 학생의 입장에서 취직은 학창 시절의 끝이지만 회사의 입장에서는 직장생활의 시작이다. 그러므로 '나는 이 회사에 들어오면 앞으로 이렇게 저렇게 할 계획을 가지고 있다'는 내용이 들어가야 한다. 즉 미래에 대한 계획과 포부를 밝힐 필요가 있다. 앞으로 10년 뒤에는 이 회사의 CEO가 되어서 회사를 이러저러한 방향으로 발전시키고 싶다든지 하는.

이 세 가지 내용은 순서를 바꿔서 작성해도 되고 또 다른 내용이 추가되어도 좋다. 물론 자기소개서에 정형화된 틀이 있는 것은 아니다. 중요한 건 그 사람이 어떤 사람인지 판단하는 데 필요한 최소한의 내용은 들어 있어야 한다는 것이다. 거기에 감동과 차별화로 승부해야 한다. 그러면 어떻게 자신만의 개성 있는 색깔로 표현할 수 있을까? 그 답은 자기만의 스토리텔링에 있다. 예를 하나 들어보자.

어떤 학생이 말하길 자신은 매우 평범한 사람이었다고 한다. 광고홍보에 별 관심도 없었고 그냥 성적에 맞는 학교와 전공을 택하면서 비교적 무난할 것 같아 보여 고등학교 입시지도 선생님께서 추천해준 대로 우리 학부에 입학했다. 학교에 다니면서도 그다지 뛰어난 편이 아니고 그렇다고 성적이 나쁜 것도 아니어서 말 그대로 평범하기 그지없었다. 남들처럼 2학년을 마치고 나서 군대에 다녀오고, 복학하기 전까지 시간이 남아서 친구들과 함께 뉴질랜드로 여행을 떠났다.

거기서 난생처음으로 스쿠버 다이빙을 하게 되었는데, 바닷물 속으로 쑥 들어간 순간 숨이 멎을 것 같은 큰 충격을 받았다. 수많은 열대어들이 헤엄쳐 다니는 바다 속은 정말 아름다웠다. 그러면서 처음으로 진지하게 자기 자신을 돌아보았다. '아! 바닷속이 이렇게 아름답고, 물고기들도 저렇게 열심히 헤엄을 치는데, 나는 여

태까지 뭘 하면서 살아왔지?'

그 후에 복학해서 이러저러한 계획을 세우고, 이러저러한 경험을 하고, 지금 이러저러한 능력을 갖추었으며, 앞으로 이러저러한 일을 하려고 한다고 쓴 자기소개서 한가운데에 사진 한 장이 떡 하니 붙어 있었다. 뉴질랜드 여행 이야기와 함께 멋진 바다를 배경으로 수영복을 입고 머리에 물안경을 쓴 채 팔짱을 끼고 당당히 포즈를 취한 사진이었다.

아주 감동적이라고 할 순 없지만 그래도 약간의 반전은 있었다. 최소한의 차별화는 된 셈이다. 이렇듯 자기소개서는 내용과 표현에 있어 자기만의 무언가를 가지고 있어야 한다. 많은 사람들이 자기소개서가 진부해서는 안 된다고 말하는 이유이다.

다음은 자기소개서의 형식이다. 형식상으로는 먼저 제목이 있어야 하는데, 제목은 '나'라는 사람을 한마디로 표현할 수 있는 것이라야 한다. 첫인상이 중요하듯이 제목에서부터 자기소개서를 읽는 사람에게 전달하고 싶은 나에 대한 이미지가 그대로 떠올라야 한다.

또한 계속해서 자기소개서를 읽고 싶은 마음이 들어야 한다. 읽어야 할 자기소개서가 너무 많거나, 혹 담당자가 불성실한 사람이라면 제목만 보고 읽지 않을 수도 있기 때문이다. 그러니 제목이 자기소개서의 50퍼센트를 좌우한다고 해도 지나치지 않을 것이다. 제목은 앞서 이야기한 세 가지 내용을 총망라할 수 있는 한두 단어나 한 문장으로 표현하는 것이 좋다.

다음은 문단이다. 자기소개서를 내용에 따라 몇 개의 문단으로 나누되, 문단이 너무 많으면 정신이 없으니 3~5개 정도가 적당하다. 거기에 각 문단의 내용을 요약하는 소제목을 붙인다. 만약 문단이나 소제목이 없다면 읽는 사람이 자기소개서를 다 읽은 다음에야 지원자에 대한 이미지를 갖게 된다. 하지만 내용이 제법 많기 때문에 중간에 잊어버릴 수도 있고 다 읽은 다음에도 확실한 이미지를 갖기가 어렵다.

문단으로 나누고 거기에 적당한 제목을 붙이면, 큰 제목에서 소제목으로 이어지는 이미지를 모아 지원자에 대한 이미지를 만들기가 쉽다. 좀 더 정확하게 말하자면 이미지를 만드는 것이 아니라 저절로 이미지가 생기도록 하는 것이다.

소제목은 어떻게 표현하는 것이 좋을까? 학생들에게는 소제목을 마치 광고 카피처럼 표현해보라고 한다. 각 문단의 내용과 나라는 상품의 이미지를 한마디로 요약할 수 있는 표현이면 좋을 것이다. 그렇다고 과대 포장을 해서 과대광고나 허위광고를 해서는 안 된다. 진정성이 담긴 참신한 표현이어야 한다.

형식의 마지막은 비주얼이다. 아무리 내용이 좋더라도 그림이나 사진 또는 도표 등의 시각적인 요소가 없으면 이해하기도 쉽지 않고 좀 딱딱해 보인다. 텍스트 내용과 관련된 사진이나 그림을 사용하면 훨씬 보기가 좋다. 보기 좋은 떡이 먹기도 좋다고 하지 않는가. 하지만 그 역시 도를 넘지 않아야 한다. 특히 여행 다녀와서 친구들에게나 보여줄 법한 인물 사진들을 넣으면 오히려 역효과가 날 수도 있다.

재미있는 경우는 한 학생이 자신의 미래에 대한 계획을 간단한 설명과 함께 그래프로 정리한 것이었다. 그러니 각자 자신만의 개성 있는 표현 방법을 연구해보자.

고등학교 때 학교가 멀어서 버스를 타고 통학을 했다. 아침마다 버스 정류장에서 예쁜 여학생을 볼 수 있어서 매일 아침이 기다려졌다. 하루는 그 여학생의 가방에 연애편지를 슬쩍 넣었다. 그런데 나만 그런 것이 아니라 다른 학교에 다니는 두 녀석도 같은 방법으로 마음을 고백한 것이다. 과연 그 여학생은 세 명의 연애편지 중에서 어떤 것을 선택했을까?

자기소개서도 연애편지나 마찬가지다. 글을 쓴 사람의 이미지가 그려지고 한번 만나보고 싶은 생각이 들어야 성공할 수 있다.

요약하면, 자기소개서는 내용과 형식 면에서 읽는 사람이 내가 원하는 나의 이미지를 그대로 떠올릴 수 있어야 한다. 여기에 읽는 사람이 나를 만나보고 싶은 생각이 든다면 더할 나위 없다. 면접에서 직접 나를 보여줄 기회를 얻는 것이다.

여기서 끝이 아니다. 자기소개서 초벌이 완성되면 계속 수정 보완 발전시키는 단계가 필요하다. 우선 자신의 상황에 맞는 자기소개서를 위에서 설명한 대로 만들어보자. 이것이 첫 번째 버전이다. 그리고 매 학기 또는 추가할 항목이 생기는 대로 보완하여 업데이트를 한다. 이런 식으로 두 번째 버전, 세 번째 버전으로 향상시켜 나간다. 다른 한편으로 원하는 회사의 특성에 맞게 버전을 달리하여 버전A, 버전B, 버전C 이런 식으로 맞춤형 이력서를 만들어두는 것도 좋다.

광고회사에 지원할 거라면 제일기획 버전, HS Ad(구 LG애드) 버전, 웰콤 버전, TBWA 버전의 자기소개서를 만들어보는 것이다. 그런 후에 자신이 원하는 회사에 출사표를 던질 기회가 오면 준비된 자기소개서를 자신 있게 제출하면 된다.

당신은 어떤 자기소개서를 준비하고 있는가? 자기소개서는 단순히 글이나 서류가 아니다. 더구나 스펙은 더더욱 아니다. 자기소개서는 당신의 인생 그 자체이다. 그것이 글로 표현된 것이다. 지금 당신은 자기 삶의 주인으로서 어떤 인생을 어떻게 만들어가고 있는가?

사람은 외로워야만 비로소
자기 자신과 마주하게 된다.
그래야만 자기 성찰을 할 수 있다.

때로는 숨 고르기가 필요하다

　학생들에게 이런 얘기를 들려주고 나면 질문을 받는다. 하지만 학생들의 질문에 그냥 답하는 것이 아니라 대화를 통해서 학생들 스스로 자신의 문제에 해답을 찾을 수 있도록 유도한다. 이러한 경우의 가장 대표적인 사례이자 학생들이 가장 많이 하는 질문이 바로 휴학에 관한 문제다. 휴학을 하는 것이 좋은지, 아니면 바로 졸업하는 것이 좋은지를 제일 많이 물어본다. 휴학하고 싶어 하는 학생들의 질문에 대한 내 답은 오케이다.

　기나긴 인생에서 한두 해 빠르고 늦는 것은 그리 중요하지 않다. 남들보다 몇 년 빠르다고 해서 성공한 인생도 아니고, 반대로 몇 년 느리다고 해서 실패한 인생은 더더욱 아니다. 중요한 것은 앞서 말한 대로 자기가 하고 싶은 일을 하는 것이다. 1년 정도의 휴학은 길고긴 인생에서 아무것도 아니다.

　하지만 휴학을 어떻게 해야 하는지에 대해서는 나름대로 엄격한 기준을 가지고 있다. 대개 휴학을 고려하는 사람들은 휴학을 하면 무엇인가에 열심히 몰입하려고 한다. 하지만 규칙적인 학교생활과 달리 본인이 스스로 스케줄을 관리해야 한다.

대부분 처음에는 의욕 넘치게 열심히 계획대로 실천하다가 시간이 지날수록 처음의 계획이 흐지부지되는 경우가 많다. 그래서 나는 1년이 아니라 한 학기 휴학을 권하는 편이다. 일단 한 학기 동안에 1년 동안 계획한 것을 할 수 있도록 노력해본다. 1년 계획이 너무 많다 싶으면 최소한 9개월분의 계획을 달성할 수 있도록 노력한다. 얼마나 경제적인가? 소요 기간은 한 학기, 결과는 1년이나 9개월분이니.

학생들이 그다음으로 많이 묻는 어학연수의 경우도 마찬가지다. 학생들은 대개 한국 사람들이 없는 외딴 곳에 가서 무조건 영어만 열심히 하겠다고 마음먹는다. 하지만 전 세계 어디든지 성질 급하고 별난 대한민국 사람이 없는 곳이 없다.

처음에는 원어민 가정에서 홈스테이하면서 한국 사람들과 어울리지 않고 영어만 쓰려고 노력한다. 하지만 3~4개월이 지나면서 외로워지기 시작하면 한국 사람들과 어울려 다니느라 영어를 어학원에서만 사용하게 되는 경우가 늘어난다. 그럴 거라면 굳이 돈과 시간을 들여 어학연수를 갈 필요가 있겠는가?

한국에도 건물 내에서 영어만 사용하도록 환경을 만들어 엄격하게 제한하는 어학원이 많다. 더구나 자존심 때문에 말은 못해도 돈 없어서 어학연수 가지 못하는 학생들도 많다는 사실을 떠올리면 괜히 멀리까지 가서 돈 날리고 시간 날리는 일은 하지 말아야 한다.

휴학과 마찬가지로 어학연수도 1년 통째로 하지 말고 일단 한 학기부터 시작해보는 게 어떨까. 짧은 기간에 9개월 또는 1년에 할 수 있는 것을 얻으려고 노력하는 것이다. 나머지 한 학기 동안 자신에게 중요한 또 다른 일을 한다면 더 의미 있는 휴학이나 어학연수가 될 수 있을 것이다. 물론 휴학 기간에 우선적으로 추천하는 것은 물론 앞서 이야기한 아르바이트와 외국어 공부다.

영어를 포함해 외국어 공부는 참 정직하다. 1년을 공부하면 1년만큼의 실력이 늘고 2년을 공부하면 2년만큼을 실력을 보여준다. 이만큼 정직한 일이 어디 있겠는가? 어학공부는 시간을 들인 만큼 그 결과가 나타난다. 그러니 미리미리 오랫동안 꾸준히 공부할 필요가 있다. 휴학하고 아르바이트를 한다면 퇴근 후에는 무엇을 해야 할까? 당연히 외국어 학원에 다니는 거다.

뒤에서 다시 이야기하겠지만 취직은 결코 인생의 목표가 아니다. 그나마 다행스러운 것은 요즘 이런 생각을 가진 학생들이 점점 늘어나고 있다는 사실이다. 자기 자신에 대한 성찰도 없고 경험도 축적되지 않았는데 고등학교 때처럼 공부만 해서 좋은 회사에 들어가면 무슨 소용이 있겠는가.

몇 년 전에 남학생 두 녀석이 면담 시간에 찾아왔다. "교수님! 저희가 곰곰이 생각해보니 취직도 중요하지만 회사에 들어가면 계속 일해야 하고 결혼도 해야 하고 결혼하면 아이도 낳아야 하는데 지금이 아니면 기회가 없을 것 같으니 먼저 여행을 다녀와서 취직하고 싶습니다."

내 대답은 당연히 오케이였다. 다만 나중에 후회하지 않도록 그동안 최선을 다하라는 당부의 말을 덧붙였다.

그 남학생들은 1년 동안 세계 일주를 하고 돌아와 지금은 모 광고회사와 홍보회사에 다니고 있다. 사실 말이 세계 일주지 필리핀, 호주, 영국 등 몇 군데에서 어학연수를 하면서 여기저기 옮겨 다녔다. 하지만 공부보다 이런 경험이 더 중요할 수도 있다. 그들은 장소를 옮길 때마다 내게 이메일을 보내왔다. 그 편지에서 그들이 외국생활을 통해 세상에 대한 안목이 조금씩 넓어지고 자신들을 새로이 발견하고 있다는 것을 느낄 수 있었다. 그래서 아무리 바빠도 답장을 꼭 보냈다.

굳이 1년이 아니더라도 휴학하는 동안 학생들이 취직 준비도 하고 자기가 하고 싶은 일도 하면서 좀 더 성숙해질 수 있다면 나는 계속 휴학 예찬론자로 남을 것 같다.

살다 보면 숨 고르기가 필요한 순간이 있다. 하지만 일단 직장인이 되면 일상에 쫓겨 지내느라 정신없이 앞만 보고 달릴 수밖에 없다. 시간 내어 여행 한 번 떠나기가 쉽지 않다. 고작 며칠 되지 않는 휴가조차도 바빠서 못 쓰고, 눈치 보여 못 쓰는 경우가 허다하다. 휴가를 몰아서 쓰거나 연휴를 끼고 여행을 떠날 수 있다면 그나마 행운이다. 물론 안식년제가 있는 회사도 있지만 그 혜택을 받을 수 있는 사람은 많지 않다.

그래서 대부분의 사람들이 이직 기간을 활용한다. 여행을 떠나기도 하고 원 없이 늦잠을 자보기도 하고 망가진 몸 상태를 점검하러 병원에 다니기도 한다. 하지만 그나마도 길게 하지는 못한다.

다음 직장에 대한 초조함 때문이다.

기왕에 다니던 직장을 그만두게 되었다면 조금은 과감해지길 권한다. 굳이 여행이 아니더라도 조급해하지 말고 시간을 좀 더 투자해서 자신에게 필요한 것들을 충전하는 시간으로 삼는 것은 어떨까. 그동안 열심히 살아온 당신에게 모처럼 긴 휴가를 주는 것은 어떨까.

흔들림 없이 가라

4학년이 되면 중간고사 때 시를 읽거나 음악을 듣지 않는다. 대신 마지막 종강 시간에 석별의 정을 나누는 기회를 가진다. 사회에 나가는 학생들에게 남기는 당부의 말은 다음 장에서 하기로 하고, 여기서는 그동안 준비해온 것을 어떻게 실현할 것인지 얘기해보자.

그동안 열심히 잘 해왔다. 성인으로서 자각을 가지고 마음껏 놀면서 많은 경험을 했고, 여기저기 기웃거리면서 자신이 좋아하는 분야를 찾아다녔다. 그리고 드디어 자신이 원하는 분야를 선택하고 여러 가지 준비를 해왔다. 이제 그것을 실현해야 할 때다.

어떻게 실현할 것인가? 결론적으로 말하면 책상 앞에 앉아서 공부만 할 것이 아니라 밖으로 뛰쳐나가야 한다. 준비한 것을 실현하기 위해 흔들림 없이 나아가야 한다. 자신감을 가지고, 실패를 두려워하지 말고, 도전하고 또 도전해야 한다.

공부 열심히 해서 학점도 좋고, 소위 말하는 스펙 관리도 잘 했는데 이상하게 취직이 잘 안 되는 경우가 종종 있다. 왜 그럴까? 그동안 준비해온 것을 취직으로 실현시킬 수 있는 연결 고리가 약하기 때문이다.

예를 들어 앞에서 이야기한 아르바이트나 인턴십을 하지 않았다든지, 아니면 회사에 원서를 내고 떨어지는 것을 너무 두려워한 나머지 여기저기 지원을 많이 하지 않은 경우다.

⟋

결혼 적령기에 있는 사람이 상대를 만나려면 어떻게 해야 할까? 밖에 나가서 사람들도 만나고 소개도 받고 정 안 되면 결혼정보회사에도 등록해야 할 것이다. 배우자를 만나는 장소에 크게 구애받지 않는 사람이라면 클럽에 가서 춤도 추고 부킹도 해야 할 것이다. 가만히 집에 들어앉아 신부 수업만 하고 있으면 기회가 오겠는가? (물론 요즘은 그런 사람이 별로 없겠지만.)

무엇보다 중요한 것은 졸업 전에 취직하도록 노력하는 것이다. 하지만 사람의 일이라는 게 계획대로 다 이루어지지는 않는다. 오히려 이루어지지 않는 경우가 더 많다. 계획대로 되지 않는다고 해서 실망할 필요는 없다. 앞서 이야기한 대로 기나긴 인생에서 몇 년 빠르고 늦는 것은 그다지 중요하지 않기 때문이다.

자신이 좋아하는 일을 직업으로 선택할 수 있고, 자신이 원하는 삶을 살아가는 것이 훨씬 더 중요하다. 그 대표적인 예가 바로 나다. 나 같은 지각 인생이 내일의 희망을 꿈꾸는 이들에게 위안이 되기를 바란다. 그러니 가슴청년이여, 흔들림 없이 나아가라. 두려움 없이 도전하라.

창의성은 결코 타고나는 것이
아니다. 노력에 의해서 계발하고
획득할 수 있는 능력이다.

제4교시

미래를 디자인하라

100세 시대를 준비한다

차별화가 밥 먹여준다

진정성이 차별화를 만든다

미래를
디자인하라

시간이 참 빠르다. 어느덧 마지막 이야기만을 남겨두고 있다. 이 땅을 살아가는 가슴청년들에게 조금이나마 도움이 될 수 있기를 바라는 마음에서 그동안 학생들과 생활하면서 경험하고 느낀 것들을 나누었다. 경험을 나누고 격려하는 과정에서 조금이라도 청춘들의 앞날에 긍정적인 영향을 줄 수 있었다면 그 자체로 내겐 큰 행복이다. 학생들에겐 내가 스승이었지만 내겐 학생들이 더없이 좋은 스승이었다. 결과적으로 그들이 나를 좋은 교수로 만들어주었기에 늘 감사하게 생각한다.

마지막 장에서는 앞으로 사회에 나가서 생활하는 데 도움이 될 만한 이야기를 해볼까 한다. 먼저 다가올 미래사회를 전망하고, 미래사회에 필요한 직업을 얘기해보자. 더불어 직업 세계에서 활동하는 데 필요한 차별화 전략에 대해서 살펴보고, 마지막으로 몇 가지 당부하는 이야기로 글을 마무리하고자 한다.

100세 시대를 준비한다

    진로상담을 하면서 학생들이 작성한 자기소개서를 읽다 보면 깜짝 놀라곤 한다. 자신의 인생에 대해 상당히 구체적인 설계를 하고 있는 학생들을 종종 만나기 때문이다. 예를 들어 몇 살까지는 무슨 일을 하고, 그다음에는 어떤 분야의 창업을 한 뒤, 은퇴 후에는 자기가 하고 싶은 일을 하면서 어떻게 살고 싶다는 식이다. 이렇듯 구체적인 인생 계획을 가진 학생과 예전의 나를 비교하면 창피한 생각마저 든다. 그 나이 때 나는 미래에 대해 별 생각이 없는 한심한 청춘이었다.

사람들은 더 나은 미래를 꿈꾼다. 어떤 이는 구체적인 목표를 가지고 계획을 세우기도 하고, 어떤 이는 손에 잡히지 않는 막연한 꿈이나마 가슴속에 간직하고 산다. 하지만 누구에게나 꿈이 있는 것은 아니다. 모두가 계획을 가지고 있지도 않다. 분명한 사실은 꿈을 향한 구체적인 계획이 있는 사람과 그렇지 않은 사람은 전혀 다른 삶을 살게 된다는 것이다. 어떤 미래를 꿈꾸고 어떤 계획을 세울 것인지 되도록 많이 고민할 필요가 있다. 불투명한 미래가 잘 보이지 않아 답답하겠지만 높은 산에 오를수록 멀리 볼 수 있듯이, 자신의 미래에 대해 고민하면 할수록 더 많은 것을 전망할 수 있을 것이다.

우리나라는 급속한 경제성장과 사회적 변화로 인해 세계적으로 유래 없이 빠르게 '고령화사회'에 진입했다. 2012년 통계에 의하면 우리나라 사람의 평균수명은 80세로 여성은 84세, 남성은 77세다. 지금 이 글을 읽고 있는 당신은 몇 살까지 살 수 있을까? 어쩌면 100세 이상 살 수 있을지도 모른다.

　계산하기 좋게 평균수명을 90세라고 가정하면, 단순하게 따져서 인생의 처음 30년은 준비하는 기간이고, 그다음 30년은 일하는 시기이고, 나머지 30년은 휴식하는 시간이라고 볼 수 있다. 2020년 이후에는 우리나라도 65세 이상의 인구가 전체 인구의 20퍼센트를 넘는 '초고령사회'가 된다고 하니까 어쩌면 그때는 70세나 75세 정도까지 일을 해야 할지도 모르겠다.

 창조적인 직업을 택하라

　앞으로 다가올 초고령사회에서는 아마도 한 사람이 서너 가지의 직업을 갖게 되지 않을까 싶다. 다들 알다시피 '평생직장'이라는 개념이 깨진 지 이미 오래되었다. 옛날처럼 처음 입사한 회사에서 평생 동안 일하다가 은퇴를 하는 직장인은 찾아보기 힘들다. 정년 퇴직 후 다시 그 회사에 재입사해서 일하고 있는 70대 어르신들이 방송에 소개된 적도 있지만 이는 매우 드문 경우다. 대단히 부럽고 존경할 만한 사례이다. 이제 직장을 옮겼다고 해서 비판받는 시대는 지났다. 그 회사에서 근무하는 동안 월급 받는 만큼 열심히 일하면 누구도 비난하지 않는다.

이와 마찬가지로 앞으로는 '평생 직업'이라는 개념도 사라질 것이다. 즉 처음 시작한 직업을 줄곧 은퇴할 때까지 유지할 가능성이 적다. 달리 말하면 앞으로는 한 사람이 여러 가지 직업을 갖게 될 확률이 높다는 뜻이다.

더 정확하게 표현하면 직업뿐만 아니라 여러 가지 '직종'에 종사하게 될 것이다. 가령 학교 선생님으로 있다가 학원으로 직장을 옮겼다면 직업은 바뀌었지만 직종은 바뀐 것이 아니다. 하지만 학교 선생님이 창업을 하여 사업가가 되었다면 직업은 물론 직종도 바뀐 것이다. 이렇게 한 사람이 여러 가지 직업과 직종을 갖게 될 가능성이 크다.

그러면 이런 변화에 어떻게 대처해야 할까? 결론적으로 말하면 창조적인 직업을 선택할 수 있어야 한다. 창조라고 해서 너무 거창하게 생각할 필요는 없다. 여기서 창조라는 말은 현재의 직업에서 다른 종류의 직업으로 옮겨갈 수 있는 가능성을 의미한다. 즉

이 가능성이 높으면 높을수록 창조적인 직업이라고 할 수 있다.

처음 갖게 되는 직업(직종) 선택이 매우 중요한 것도 이런 이유이다. 첫 직업이 그다음 직업에 계속해서 영향을 미치기 때문이다. 예컨대 광고홍보학을 전공하고 광고회사나 홍보회사에 취직했다고 가정하자. 그러면 그다음 번에는 영화나 공연기획과 관련된 일로 옮겨가기가 수월하다.

하지만 현재 공무원을 하는 사람이 영화나 공연기획자가 되기를 원한다면 어떤 형태로든 관련 직업교육을 다시 받아야 한다. 야간에 대학이나 대학원을 다니거나, 실무와 관련된 아카데미 같은 곳에서 교육을 받거나, 또는 공무원을 그만두고 관련 기업에서 인턴이나 수습사원으로 새롭게 일을 배워야 할 것이다.

광고홍보학을 전공으로 선택한 학생들은 의도적이든 아니든 간에 결과적으로 현명한 선택을 했다고 볼 수 있다. 광고홍보학은 앞서 말한 대로 변화하는 직업 세계에서 창조적으로 대처할 수 있는 분야 중 하나에 속하기 때문이다.

이 책을 읽는 독자들도 앞으로 직업 선택을 할 때 이 점을 고려하면 좋을 것이다. 학생이라면 졸업 후 첫 직업을 선택할 때, 직장인이라면 앞으로 갖게 될 새로운 직업을 준비하는 데 도움이 되길 바란다.

좋아하는 일을 택하라

창조적인 직업을 선택했다고 해도 한 가지 직업을 가지고 오랫동안 지속적으로 일을 하다 보면 싫증이 나기 마련이다. 그래서 많은 사람들이 일에서 오는 스트레스도 풀고 생활의 활력도 찾을 수 있는 취미 생활을 한다.

혹시 〈쉘 위 댄스Shall We Dance?〉라는 일본 영화를 기억하는가? 영화는 한 평범한 샐러리맨이 퇴근길 전철에서 우연히 댄스 교습소 창가에 서 있는 아름다운 여인을 발견하고 그 매력에 이끌려 댄스 교습소를 찾는 것으로 시작된다. 처음에는 여인에 대한 관심으로 시작했지만 차츰 춤의 매력에 빠져들면서 주인공은 매일 반복되던 일상에서 벗어나 삶의 즐거움을 얻게 된다. 그 과정에서 그동안 잊어버리고 살았던 자아를 발견하게 된다는 것이 영화의 주요 내용이다. 나중에 리처드 기어 주연으로 할리우드에서 리메이크되기도 했다.

지금 얘기하고 주제와 관련해서 이 영화에서 언급하고 싶은 장면은 주인공이 회사 책상에 앉아 업무를 보면서 책상 아래에 있는 발로 유연하게 스텝을 밟고 있는 장면이다. 아마도 주인공은 그런 자신을 의식하지 못했을 수도 있다. 그만큼 직장생활이 즐겁다는 뜻이다. 어느 날 문득 일이 권태로워질 때를 대비해서 좋아하는 취미 하나쯤 가져보는 건 어떨까. 참고로 나는 워낙 음악을 좋아해서 색소폰과 성악을 일상 탈출의 도구로 삼고 있다.

取미 생활은 반복되는 일에서 오는 지루함과 스트레스를 해소하기에 하나의 좋은 도구다. 하지만 그게 다가 아니다. 자신이 좋아하는 취미 생활을 오랜 기간 동안 꾸준히 계속하게 되면 그 분야의 전문가에 가까운 실력을 갖추게 된다. 소위 프로^{Professional}가 되는 것이다. 그렇게 되면 취미를 직업으로 전환할 수도 있다. 특히 앞으로 경제활동의 기간이 더 길어질 초고령사회에서는 은퇴를 전후해서 이러한 마니아적인 취미를 새로운 직업으로 택하는 경우가 점점 많아질 것이다.

예를 들어 어떤 사람이 사진 찍는 것을 좋아해서 30년 동안 주말마다 사진을 찍으러 다녔다고 가정해보자. 본격적으로 전문가에게 배우기도 하고, 동호회에 가입해서 다른 사람들과 전시회도 하고 조그맣게 개인전도 열었다. 이렇게 몇십 년 동안 활동을 했다면 은퇴 후에 본격적으로 사진작가로 활동할 수도 있고, 사진과 관련되는 일을 할 수도 있을 것이다.

요즘에는 은퇴 후가 아니라 아예 직장생활을 하다가 전업을 하는 사람들도 많이 볼 수 있다. 취미는 그 자체로도 충분히 의미가 있지만 나중에 직업으로 연결될 수도 있다는 점에서, 특히 고령화 사회를 앞두고 큰 의미를 갖는다.

이러한 추세의 확산으로 전문가가 아닌 아마추어들이 서예나 그림 전시회를 하거나 음악 관련 개인 콘서트를 여는 경우가 점차 많아지고 있다. 또한 오랫동안 취미로 학문적 관심을 갖고 연구해온 일반인들이 전문 서적을 출간하는 것도 볼 수 있다. 전에는 교수나 학자들의 전유물이었던 것이 대중적으로 확산된 것이다. 바로 이것이 직장생활을 하면서 취미로 즐기다가 나중에 직업으로까지 연결되는 경우라고 할 수 있다.

일반인들의 전문화 추세는 아마도 지금 젊은 세대들이 사회의 주역으로 활동할 초고령사회에서 더욱 가속화될 것이다. 당신은 지금 어떤 취미를 갖고 있는가?

마지막 직업으로는 남을 도와라

얼마 전에 한 친구가 오랫동안 다니던 직장을 갑자기 그만두고 캐나다로 이민을 가게 되었다. 친구에게 석별의 정으로 은퇴를 준비하는 책을 선물하기로 마음먹었다. 그런데 서점에 가니 고령화사회가 생각보다 너무 빨리 도래해서 그런지 은퇴에 관한 우리나라 서적은 거의 찾아볼 수가 없었다. 하는 수 없이 번역된 미국 책과 일본 책을 한 권씩 샀는데, 특히 일본 책이 맘에 들었다. 일본은 서양처럼 고령화사회가 서서히 진행되어서 그런지 20년 동안 고령화사회 전문 기자로 종사한 저자가 실질적으로 도움이 될 만한 사례들을 풍부하게 담고 있었다.

책을 읽으며 적잖이 충격을 받았다. 일본 사람들이 은퇴를 하면 제일 많이 하는 일이 무엇인지 아는가? 첫 번째는 은퇴 후 부부가 같이 세계 일주를 하는 것이다. 놀라운 사실은 그냥 깃발 세우고 여행을 하는 것이 아니라 자기들이 좋아하는 나라에서 최소 6개월 이상 머물면서 어학연수를 한다는 것이다. 은퇴한 60~70대 노인들이 말이다!

그다음으로 많이 하는 일은 은퇴를 전후해서 문화센터에 등록을 하고 새로운 직업을 준비하는 일이다. 말하자면 은퇴 후 자신이 하고 싶었던 일을 찾아 전업을 하는 것이다.

일본의 문화센터는 우리나라처럼 주로 백화점에서 주부들이 교양을 쌓는 데가 아니라 새로운 직업 세계를 준비하는 곳이라고 한다. 마지막 세 번째가 지금 얘기하려는 주제와 관련이 있다. 바로 제3세계에 가서 자신이 오랜 시간 동안 일하면서 쌓아온 직업의 노하우를 전수하며 소위 재능기부를 한다는 사실이다. 이 얼마나 멋진 노후인가?

이제 고령화사회에 막 진입한 우리나라는 아직 초보라서 그런지 이런 면에서는 많이 부족하다. 고령화사회를 먼저 경험한 선배 나라들로부터 좀 배울 필요가 있다.

3년 전 미국에 1년 동안 안식년을 다녀왔다. 그 과정에서 현지 은퇴자들이 외국 사람들을 위해서 봉사하는 것을 많이 보았고, 나역시 그들로부터 직접 혜택을 받았다. 나는 독일에서 공부를 해서 영어가 살짝 부족한 편이다. 그래서 교회에서 하는 성경 공부 Bible Study에 참석해서 일주일에 한 번씩 영어 공부를 했는데, 여기서 사람들을 가르치던 선생님이 은퇴한 부부였다. 남편은 전직 은행원이었고 부인은 은퇴한 교사였다. 자기 시간과 돈을 들여가면서 나 같은 외국 사람들에게 영어를 가르치는 것이다. 최선을 다해 남을 돕는 과정에서 두 사람은 큰 보람을 느낀다고 했다. 나중에는 개인적으로 친해져 친구처럼 지내면서 이들로부터 큰 감명을 받았다. 나 자신을 돌아볼 기회를 얻었고, 은퇴 후에 나도 이들처럼 다른 사람들에게 도움을 줄 수 있도록 노력해야겠다는 생각이 들었다.

가슴청년들에게 감히 권한다. 은퇴 후든 은퇴 전이든 상관없이 여러분의 마지막 직업은 다른 사람들에게 도움을 줄 수 있는 것으로 선택하길 바란다. 재능기부로 얻는 기쁨과 행복은 소유나 성과로 인해 얻는 만족감하고는 비교할 수 없다. 행복한 노년을 보내고 싶다면 이러한 점을 고려해 직업 선택에 신중해야 한다.

물론 우리나라에도 멋지게 사는 사람들이 많다. 그중 대표적인 사례가 바로 '바람의 딸' 한비야 씨다. 그녀는 국제홍보학을 전공하고 세계적인 홍보회사에서 근무하다 7년간 오지를 여행했다. 나중에 이것을 책으로 펴내면서 유명 작가가 되었고, 이때의 경험이 계기가 되어 국제구호단체에서 활동했으며, 지금은 유엔 중앙긴급대응기금 자문위원으로 일하고 있다. 이렇게 자신의 전문성을 다른 사람들을 돕는 것으로 연결시킬 수 있다면 그야말로 아름답고 의미 있는 삶이 될 것이다.

100세 시대를 살면서 앞으로 기나긴 노후에 대비해 어떤 계획을 세우고 있는가? 물론 가장 중요한 것은 건강이고, 건강 다음으로 중요한 것은 무언가 활동할 수 있는 일을 가지는 것이다. 그 일이 다른 사람에게 도움을 줄 수 있는 일이라면 더욱 보람이 있을 것이다. 특히 자신이 종사했던 직업에서 얻은 전문성을 살려 남을 도울 수 있다면 가장 효과적이고 성공적인 삶일 것이다. 나 역시 그렇게 되고자 노력하고 있다.

어쩌면 혹시 이런 생각을 하는 사람도 있을 것이다. 지금 취직하기도 힘든 판국에 어떻게 앞으로 몇십 년 후의 직업을 전망하고 준비할 수 있겠느냐고. 배부른 사람이나 할 수 있는 얘기라고.

충분히 그럴 수 있다. 은퇴 시기가 아직도 많이 남아 있는 사람

자기 자신을 사랑할 수 있는 사람만이
다른 사람을 사랑할 수 있고,
이 세상을 사랑할 수 있다.

은 이런 얘기가 아직 머나먼 남의 나라 얘기 같을 것이다. 전혀 실감 나지 않고 공감하기 어려운 것도 당연하다. 나 역시 그랬으니까. 하지만 한 살 한 살 나이를 먹다 보면 인생 선배들이 들려주는 이야기가 진지하게 다가오는 때가 있다.

학교에 있으면서 젊은 학생들과도 함께 생활하고, 동료 교수들과도 같이 지내다 보니 두 세대의 입장을 다 이해할 수 있을 것 같다. 하지만 분명한 건 반드시 누구에게나 다가오는 시간이고, 겪게 될 일이란 사실이다. 그러니 나 같은 '꼰대'들이 이야기하는 "인생은 짧다"라는 불변의 진리에 마음을 열고 한번 진지하게 생각해 보길 바란다.

차별화가 밥 먹여준다

앞에서도 여러 번 언급했지만 21세기의 중요한 화두 중 하나가 '차별화'다. 아마도 차별화는 앞으로의 직업 세계에서 가장 중요한 상위 개념이 될 것이 확실하다. 차별화란 한마디로 말해 남들과 다른 것이다. 사람 얼굴을 보자. 모두 다르게 생겼다. 한 사람도 똑같은 얼굴이 없다. 심지어 쌍둥이들도 자세히 보면 다른 점이 있다. 이 얼마나 신기한 일인가. 신의 섭리가 있지 않고서는 불가능한 일이다.

이렇게 외모는 우리가 노력하지 않아도 저절로 차별화가 되어 있다. 하지만 우리의 생각은 차별화하기가 쉽지 않다. 따라서 생각을 차별화하려면 의식적인 노력이 필요하다. 모든 분야의 차별화를 논할 수는 없으니 여기서는 직업 세계에서 다른 사람들과 다르려면 어떻게 해야 하는지, 그 차별화 전략에 대해서 살펴보자.

 열정으로 최선을 다하라

사람의 능력에는 별다른 차이가 없다. 자신의 일에서 능력으로 차별화를 꾀하기는 상당히 어렵다. 그러니 최선을 다하는 것으로 차이를 만들어야 한다. 자신의 일에 최선을 다함으로써 결과적으로 능력에서 차별화가 나타나도록 해야 한다. 물론 이것은 새로운 이야기가 아니다. 최선을 다하는 것의 또 다른 이름으로 노력, 성실, 정성, 성의, 열정 등 다소 진부하게 들리는 단어들이 있다. 하지만 이것은 새로운 패러다임의 변화를 말한다.

지금까지 우리는 자기 분야에서의 항상 최고를 추구해왔다. 1등, 1등 기업, 전교 1등, 수석 입학, 수석 졸업 등 최고를 수식하는 표현들이 많이 있다. 이렇게 최고가 되려면 다른 사람보다 뛰어난 능력을 가져야 한다. 일종의 차별화라고 할 수 있다. 순수한 차별화가 아니라 어떤 기준을 가지고 순위를 매기는 일종의 수준별 차별화다. 결국 우월한 사람이 차별화되는 것이다.

여기에는 형평성 문제가 따른다. 모두 다 최고가 될 수 없고, 극히 소수만이 최고의 자리를 차지할 수 있으므로 대다수의 사람들은 여기에서 제외될 수밖에 없다. 예를 들면 올림픽에서 금메달을 딴 선수만 영웅 대접을 받고 은메달이나 동메달을 딴 선수들은 상대적으로 대접을 받지 못하는 것과 같다.

비록 1등은 아니지만 세계적으로 우수한 각 나라의 대표선수들이 모인 올림픽 경기에서 2등, 3등을 했다는 것만도 얼마나 대단한 일인가. 메달 색깔과 상관없이 애쓰고 노력해서 성과를 올린 선수들을 격려하고 기뻐해야 할 일이다. 그런데도 오로지 금메달에 대해서만 환호하고 주목하는 것은 어쩐지 불합리하다.

모두가 함께 더불어 살아가는 사회를 추구하는 21세기에 우월성은 더 이상 미래 지향적인 개념이 될 수 없다. 우월성이 아니라 차별성이 그 자리를 대신하게 될 것이다. 앞으로는 남보다 우월한 것보다 남들과 다른 것, 즉 순수한 차별성을 가지는 것이 중요하다. 단지 남들과 다르다는 사실만으로도 의미와 가치를 지닐 수 있다.

이런 차별성을 가지려면 무조건 최선을 다해야 한다. 최고가 아니라 최선이다. 말로만, 미덕으로만이 아니라 실제로 최선을 다하는 것이 차별화의 가장 중요한 항목이다. 뒤에서 얘기할 전문성이나 창의성보다도 더 우선적으로 선행되어야 하는 항목이다. 이것 없이는 다른 차별화 전략들을 다 갖추었어도 소용이 없다.

그러면 무엇이 최선을 다하는 것일까? 먼저 대상에 대해 관심과 애정을 가져야 한다. 우리는 이것을 열정이라고도 한다. 즉 열정을 갖는 것이 바로 최선을 다하는 방법이다. 따라서 능력이 아니라 열정이 일의 결과를 결정짓는 중요한 관건이 된다. 사람의 능력에는 별다른 차이가 없지만 열정에는 확실히 차이가 있기 때문이다.

열정을 가지고 최선을 다하라. 더불어 결과에 연연하지도 말라. 하지만 현실적으로 어떤 일에 최선을 다한 후 그 결과에 집착하지 않기란 쉽지 않다. 아직은 세상이 과정보다 결과를 더 중요시하기 때문이다. 또한 과정을 평가하는 시스템을 아직 개발하지 못하고 결과에 대한 평가 시스템만 가지고 있기 때문이다.

강의를 하고 나면 학기 말에 학생들에게 학점을 부여해야 하고, 학점도 A를 줄 수 있는 비중이 전체 학생의 몇 퍼센트, B는 몇 퍼센트, C는 몇 퍼센트로 정해져 있어 그에 맞춰 평가를 해야 한다. 어쩔 수 없이 평가의 한계를 인정할 수밖에 없다. 하지만 경험으로는 학점에 연연하지 않고 열정으로 최선을 다한 사람이 그렇지 않은 사람보다 학점이 더 잘 나올 확률도 높다.

우리 광고홍보학부 학생들은 수능 성적이 뛰어난 것도 아니고, 능력이 아주 탁월하지도 않다. 성적에 맞게 대학과 전공을 선택한 학생들도 있지만 그보다는 광고와 홍보가 좋아서 온 학생들이 훨씬 더 많다. 그래서인지 4년 동안 공부하면서 어떨 때는 지나치다 싶을 정도로 열정이 넘친다.

홍익대 광고홍보학부가 대한민국 최고의 광고홍보학과가 되는 가장 중요한 원동력은 학생들의 열정일 것이다. 성적이나 능력이 아니라 이러한 열정이 자신을 성장시키고 자신이 속해 있는 집단을 발전시키기 때문이다.

앞에서 소개했듯이 우리 학부에는 후아프라는 이름의 광고홍보 축제가 있다. 학생들은 이 축제를 위해 몇 달 전부터 열정을 가지고 밤을 새워가며 준비한다. 학점을 더 잘 주는 것도 아니고 개인적으로 어떤 인센티브가 주어지는 것도 아닌데 말이다.

한번은 개막 며칠 전에 학교에 출근을 하려고 집을 나서는데 내가 살고 있는 원룸에서 학교로 올라가는 계단의 수직면에 노란색 후아프 포스터가 쭉 붙어 있었다. 사람들이 발을 딛는 계단의 수평면에 부착을 하면 찢어져서 오래가지 못하니까 포스터를 계단 수직면의 높이에 맞게 잘라 사람들의 통행이 없는 새벽에 일일이 붙여놓은 것이다.

밑에서 보니 계단 전체가 노란색 천지였다. 계단 폭이 좁아 한 계단 한 계단 천천히 올라야 하는 일명 '바보 계단'을 오르면서 감동이 점점 증폭되었다. 계단을 다 오르자 언덕 위에 있는 나무들 가지마다 포스터로 만든 수많은 노란색 리본이 휘날리고 있었다. 그 순간 흘러간 팝송 〈Tie A Yellow Ribbon Round The Old Oak Tree〉가 귓가에 들려왔다. "아직도 나를 사랑한다면 오래된 참나무에 노란 리본을 달아주세요."

나는 굳게 믿는다. 이처럼 뜨거운 열정을 가진 사람들이 반드시 성공한다는 것을.

대상뿐만 아니라 사람에게도 마찬가지다. 최선을 다하려면 사람에 대한 애정이 필요하다. 아니, 좀 더 정확히 말하자면 사람이 그 대상일 때가 훨씬 더 어렵다. 왜냐하면 대상은 객체지만 대상이 되는 사람은 다른 한편으로 주체이기 때문이다.

사람의 마음을 얻은 일은 거의 불가능에 가까울 만큼 아주 어려운 일이다. 기업에서 소비자의 마음을 움직이려고 애쓰는 것을 생각하면 잘 알 수 있다. 마케팅 전략으로 "소비자 중심"을 넘어

"소비자 감동"이라고 표현하는 것도 이와 같은 맥락이다.

상대에게 최선을 다할 때, 모든 정성을 다할 때 그 사람을 감동시킬 수 있다. 이런 말도 있지 않은가. "21세기의 리더십은 다른 사람을 감동시키고 동시에 자신도 감동할 수 있는 자질을 말한다." 이러한 진리를 잘 모르는 사람은 별로 없다. 다만 실천의 문제다. 즉 최선을 다하는 것은 지식의 문제가 아니라 실천의 문제인 것이다.

많은 사람들이 잘 아는 공자님 말씀 중에 "아는 것은 좋아하는 것만 못하고, 좋아하는 것은 즐기는 것만 못하다"라는 말이 있다. 어쩌면 이 말은 실천의 중요성을 강조한 것이라고 볼 수 있을 것이다.

어릴 적 어느 상점 앞에 이런 문구가 걸려 있는 것을 봤다.

1. 성실
2. 성실
3. 성실

가게를 운영하는 태도에 대한 스스로의 다짐일 수도 있고, 자신의 생활신조일 수도 있다. 어쨌든 이 또한 반드시 해내겠다는 의지의 표현이 아니었을지.

능력이 아니라 열정이
일의 결과를 결정짓는 중요한 관건이다.
사람의 능력에는 별다른 차이가 없지만
열정에는 확실히 차이가 있기 때문이다.

전문성으로 무장하라

　현재도 그렇지만 미래사회에서 차별성을 갖기 위해서는 자신이 활동하는 분야의 '전문성'을 필요로 한다. 알다시피 전문성은 해당 분야에서 상당한 경험과 지식을 가지고 있는 것을 의미한다. 따라서 어느 한 가지보다는 경험과 지식 모두를 겸비할 수 있도록 해야 한다.

　전문성을 갖추기 위한 방법 중 하나는 대학원에 진학하는 것이다. 점점 학력이 높아지고 있는 추세여서 앞으로는 대학원에 진학하여 석사 학위를 받는 것이 일반화되지 않을까 싶다. 물론 대학원을 가는 것이 경력에도 도움이 되지만, 실질적으로는 공부하면서 좀 더 전문성을 갖추는 것이 더 중요하다. 또한 학부를 졸업하자마자 대학원에 진학하는 것보다는 대학을 졸업하고 현업에서 실무를 익힌 다음 대학원에 가기를 권한다.

　언제 어느 대학원에 진학해서 어떤 전공을 공부할 것인지 미리 정해둘 필요는 없다. 취직 후 현장에서 일하다 보면 재충전이 필요하다는 것을 느끼는 시기가 올 것이다. 직장에 다니면서 공부할 시간적 여유가 되면 회사 생활과 병행하면서 야간 특수대학원에 다니거나 그렇지 않으면 회사를 잠시 쉬고 일반대학원에 진학하는 것도 괜찮다. 물론 용기가 필요한 일이지만 자신의 미래를 위해서 투자할 가치가 충분히 있는 일이다. 대학원 졸업 후 좀 더 나은 회사로 옮기는 경우도 꽤 있다. 대학원 들어가기 전 이미 다른 회사에 다닌 경력이 있기 때문에 대학원에서 전문성을 갖춘 후 경력사원으로 이직하는 것은 그리 어렵지 않다.

대학원에서는 학부 때와 다른 전공을 선택하는 것도 좋다. 박사과정은 어려울 수 있지만 석사과정은 학부 때 다른 전공을 했어도 어느 정도 시간과 노력을 투자하면 어렵지 않게 공부할 수 있다. 자신의 해당 분야에 대한 안목을 넓힐 수도 있고 요즘 강조되고 있는 다른 학문 분야와의 융합도 가능하기 때문이다. 이러한 이유에서 우리 학부 졸업생들에게도 광고홍보대학원보다는 일반대학원에서 커뮤니케이션학을 공부하든지 경영대학원에서 마케팅이나 MBA를 전공하기를 권한다.

사람의 일은 어떻게 될지 모르기 때문에 적절한 시기에 대학원에 진학해서 석사과정을 해두면 나중에 박사 학위로 이어갈 수도 있다. 석사과정을 미리 해두지 않으면 나중에 더 나이 먹어서는 부담스러워 엄두도 나지 않고 실제로도 점점 어려워진다.

하지만 전문성을 갖추는 것이 꼭 대학원에 진학하는 것만을 의미하지는 않는다. 앞서 언급한 대로 전문성은 경험과 지식이 겸비될 때 빛을 발한다. 따라서 현장에서 일할 때 항상 전문성을 염두에 두고 일을 할 필요가 있다. 예컨대 자신의 분야에서 뒤지기 않기 위해서 항상 새로운 지식과 정보를 추구하고 연구하는 자세를 견지하는 것이다.

여기서 말하는 연구하는 자세는 새로운 지식을 자신의 일에 적용해보고 시행착오를 통해서 계속 개선해나가는 자세다. 종종 현장에서 일하는 분들을 만나보면 전문성을 갖춘 분들이 상당히 많다는 사실에 놀라 학자로서 더 열심히 분발해야겠다는 생각을 한다.

결론적으로 말하면, 학위나 경력을 위해서라기보다는 자신의 분야에서 전문성을 갖추기 위해 대학원도 가고 공부도 해야 하는 것이다. 이러한 전문성은 현장에서의 실무 경험과 대학원에서의 이론 공부가 결합될 때 비로소 시너지 효과를 낼 수 있다.

창의성은 노력이다

미래사회에서의 차별화를 위해서 다음으로 필요한 것은 '창의성'이다. 일반적으로 창의성은 '새롭고 남들과 다른 것을 생각해내는 성질이나 능력'을 말한다. 정의에서 보듯이 창의성에는 독창성과 차별성이 포함되어 있다. 따라서 창의적인 사람이 되려면 먼저 차별화된 사고가 필요하다.

광고홍보는 특히 창의성이 많이 요구되는 분야다. 좋은 광고인이 되려면 독창적인 아이디어를 생각해낼 수 있어야 한다. 하지만 창의성을 잘못 이해하고 있는 사람들이 생각보다 많다. 창의성은 타고나는 것이라고 생각하거나 노력으로 얻어지는 것이 아니라고 생각한다.

학생들의 경우 동아리 활동이나 과제를 위한 조모임 등에서 다른 사람이 자기보다 조금 더 창의적으로 보인다 싶으면 '나는 원래 창의적이지 않은가봐' 또는 '나는 창의적인 광고인이 되기에는 재능이 없나봐' 하는 식으로 절망한다. 심지어 광고홍보에 대한 자신의 미래 계획을 포기하려는 학생들도 있다.

그러나 창의성은 결코 타고나는 것이 아니다. 흔히 방송에서 이야기하듯이 탁구공처럼 '톡톡 튀는 것'은 더욱 아니다. 창의성은 노력에 의해서 얼마든지 계발하고 획득할 수 있는 능력이다.

창의적인 사람이 되려면 어떻게 해야 할까? 먼저 남들과 '같게',

'비슷하게' 생각하는 것이 필요하다. 그래야만 다른 사람들을 이해할 수 있다. 그런 연후에는 대상을 '다른 관점에서, 다른 안목에서' 보려고 노력하는 것이다. 그러면 전에 보이지 않던 것이 보이게 된다. 그것이 바로 '새롭고 남들과 다른 것', 즉 창의적인 것의 단초이다. 이렇게 창의성은 선천적으로 타고나는 것이 아니라 후천적으로 노력에 의해 얻어질 수 있다.

〈생각의 도구〉라는 책에 나오는 내용을 잠깐 소개해볼까 한다. 아침에 출근하기 전에 오늘의 색깔을 하나 정한다. 예컨대 빨간색이라면 집을 나서면서부터 저녁 때 귀가할 때까지 하루 종일 빨간색에만 집중한다. 그러면 평소에 보이지 않았던 빨간 우체통도 보이고, 빨간 원피스, 빨간 양말, 빨간 우산, 빨간 연필 등이 눈에 들어오기 시작한다. 다음 날에는 파란색, 그다음 날에는 노란색, 이런 식으로 연습을 하는 것이다.

색깔이 다 끝나면 어떤 형태에 주목한다. 예를 들면 삼각형, 사각형, 오각형, 육각형, 원, 마름모, 이런 식이다. 이렇게 어떤 색깔이나 형태를 가진 유형물에 대한 연습이 끝나면 한 단계 수준을 높여서 추상적인 개념으로 창의성 계발을 연습한다.

예컨대 '친절'에 대해서 주목하는 것이다. 지하철에서 다른 사람에게 친절하게 대하는 사람을 목격하거나, 또는 옆에 있는 사람이

휴대폰으로 대화 나누는 것을 들으면서 친절을 발견할 수도 있다. 이러한 연습을 통해서 평소에 자연스럽게 보던 사물이나 현상을 다른 관점에서 새롭게, 그리고 다르게 봄으로써 창의성을 계발할 수 있다.

시중에 창의성에 관한 책들이 많이 나와 있다. 이 중에서 마음에 드는 것을 골라 읽어보면 도움이 될 것이다. 나도 언젠가는 창의성에 대해 한번 연구해보고 싶다. 평소 나는 창의성에 관심이 많은 편이다. 사실 창의성이라기보다는 독창성이라고 하는 것이 더 정확한 표현일 듯하다. 학문적으로 보면 독창성은 창의성을 구성하는 하나의 하부 개념이다.

내가 논문을 많이 쓰지 못하는 이유도 독창성과 관련이 있다. 남들이 많이 관심 갖지 않는 분야에 대한 연구를 좋아하기 때문이다. 독창적인 논문을 쓰고 싶은데 이런 논문은 쓰기가 쉽지 않아 학회 논문 심사에서도 자주 떨어지곤 한다. "내용에서 독창적인 시도를 한 것은 좋은데 연구 방법이나 논문의 구성에서 완성도가 떨어진다." 이것이 대개 탈락의 변이다. 하지만 개의치 않는다. 연구 실적이 많지 않아 학교에서 연구비를 좀 적게 받으면 어떤가. 독창성으로 차별성을 추구한다고 자족하면서 살면 되지.

앞에서 대상에 대한 애정을 이야기했는데, 대상에 대한 애정이 지나치면 이것을 광기狂氣라고 한다. 미친 것이다. 그런데 이렇게 미칠 정도로 대상에 애착을 가지고 있으면 여기에서 창조성이 나오기도 한다. 프랑스 작가 베르베르Werber는 "광기는 하나의 창조적 에너지다."(베르나르 베르베르, 〈뇌〉, 열린책들)라고 이야기하고 있다.

이러한 의미에서 앞에서 이야기한 "아는 것은 좋아하는 것만 못하고, 좋아하는 것은 즐기는 것만 못하다."라는 공자님의 말씀을 감히 이렇게 바꾸고 싶다. "그러나 즐기는 것은 미치는 것만 못하다."라고.

커뮤니케이션 능력을 갖춰라

지난 이명박 정부 시절에 가장 많이 회자된 단어가 무엇인지 아는가? 고소영이니 강부자니 하는 인사 문제와 관련된 이야기는 제외하고 말이다. 바로 '소통'이다. 커뮤니케이션학을 전공한 학자로서 개인적으로 이명박 정부에게 감사하게 생각한다. 일반인들에게 커뮤니케이션의 중요성을 인식하게 하는 계기를 마련해주었으니.

커뮤니케이션은 기호를 통해서 상대방에게 자신의 생각이나 감정을 전달하는 행위 또는 그 과정을 의미한다. 쌍방적 커뮤니케이션 과정에서 서로의 의미가 생성되고 그것이 바로 우리 사회를 구성하는 체계가 되는 것이다. 따라서 개인과 사회에서 소통의 중요성은 아무리 강조해도 지나치지 않다.

물론 사람을 평가하는 데는 그 사람의 머릿속에 있는 사고 체계가 중요하다. 하지만 현대사회에서는 그것을 겉으로 얼마나 잘 표현하고 다른 사람에게 잘 전달할 수 있는가가 더 중요하다. 즉 의

사소통 능력이 중요한 것이다. 특히 외모 지향적인 대한민국에서는 (글 잘 쓰는 사람이 아니라) 말 잘하는 사람이 똑똑한 사람으로 간주된다. 이러한 의미에서 커뮤니케이션 능력 역시 다른 사람과 차별화하는 데 필요한 필수 항목이다.

다음으로 커뮤니케이션 능력은 다른 사람과의 인간관계를 형성하는 데 중요한 요소다. 커뮤니케이션은 자신을 표현하는 것뿐만 아니라 다른 사람을 이해하는 데 필요한 도구이기 때문이다. 말을 잘하는 사람은 자기 이야기만 앞세우는 것이 아니라 다른 사람의 이야기도 잘 들어준다. 즉 다른 사람의 이야기를 잘 들음으로써 그 사람의 생각이나 감정을 잘 이해하게 되고, 결과적으로 다른 사람과 좋은 인간관계를 맺을 수 있다.

커뮤니케이션 능력이 부족한 사람은 다른 사람과의 관계를 잘 형성하고 유지하기가 쉽지 않다. 커뮤니케이션 능력을 갖추는 것이 바로 대인관계 능력을 키우는 것이고, 나아가 자신의 네트워크를 형성하는 기초가 된다. 이것이 또한 차별화를 만든다.

마지막으로 글로벌 사회에서의 커뮤니케이션 능력은 외국어를 구사하는 능력에 좌우된다. 우선 국제어인 영어를 잘해야 하는 것은 두말할 것도 없다. 한 가지 덧붙이고 싶은 것은 스펙으로서의 영어만을 염두에 두지 말라는 것이다. 토익을 보면 알 수 있다. 토익은 말 그대로 영어에 의한 커뮤니케이션 능력을 측정하는 테스트다.

하지만 토익 점수가 실제로 외국인과 영어로 대화할 수 있는 능력으로 연결되지 않는 경우가 많다. 이렇게 되면 나중에 나이 먹어서 다시 영어 공부를 해야 한다. 그러니 기왕에 영어 공부를 할 바에는 근시안적으로 보지 말고 더 멀리, 더 길게 보고 커뮤니케이션 능력을 배양하는 데 중점을 두는 것이 좋다.

또한 초고령사회에서는 영어는 물론 제2외국어 능력도 필수적으로 요구될 것이다. 특히 언어 사용 인구가 많은 중국어나 스페인어는 영어에 필적하는 국제어가 될 것으로 예상된다. 따라서 어느 정도 영어에 대한 준비가 되면 제2외국어 공부를 시작하는 것도 훗날의 차별화를 위해서 필요하다. "지난 날 (만주 벌판) 강가에서 말달리던 선구자"처럼 대한민국 작은 땅에서 넓은 세계로 나아

경험과 지식이 겸비될 때
빛을 발한다. 항상 전문성을
염두에 두고 일을 할 필요가 있다.

가려면 외국어 능력이라는 차별화 전략도 갖출 필요가 있다.

　　지금까지 우리가 앞으로 살아갈 미래사회의 직업에 대해서 전망하고, 그 직업 세계에서 활동하는 데 필요한 차별화 전략에 대해서 얘기했다. 이는 학생들이 졸업 후 사회에 나가서 활동하는 데 도움이 될 수 있도록 나름대로 고민한 결과이자 '미래학'에 관심을 가지고 공부한 결과이기도 하다.

　　미래학 하면 누가 생각나는가? 우리나라에도 자주 오고 광고에도 출연한 적이 있는 '앨빈 토플러Alvin Toffler' 같은 미래학자가 떠오를 것이다. 아시다시피 미래학은 과거와 현재에 근거하여 미래사회를 예측하는 학문이다. 젊은이들은 나보다 더 오랜 기간 미래를 살아갈 것이고, 또한 미래사회의 주역이니까 앞으로 미래학에 많은 관심을 갖게 되길 바란다.

진정성이 차별화를 만든다

　이 땅의 가슴청년들에게 인생에 도움이 될 만한 이야기를 하고 싶은데 막상 하려니 무슨 말을 해야 할지 잘 모르겠다. 내가 나 자신에 대해 확실히 안다고 할 수 없고, 다른 사람의 인생에 조언을 할 만큼 훌륭한 사람도 아니기 때문이다. 나 역시 부족한 사람이다. 하지만 조금 더 인생을 살아온 선배로서, 학생들에게 도움이 되고자 나름대로 노력하는 과정에서 느낀 것들을 진솔하게 나누고자 한다.

아마도 세상에서 가장 중요한 것은 바로 '나'일 것이다. 내가 존재하지 않는다면 이 세상이 무슨 의미가 있겠는가? 내가 이 세상의 중심이고 내가 바로 소우주다. 하지만 이 세상에는 나 이외에 또 다른 내가 무수히 많이 존재한다. 따라서 이 세상을 다른 사람들과 함께 살아가는 일은 매우 중요할 수밖에 없다. 다른 사람들과 '진정성'을 가지고 소통하며 함께 살아가는 일이 무엇보다 중요하다.

진정성은 앞서 말한 대로 '자신과 다른 사람, 그리고 이 세상의 모든 것을 거짓 없이 진실하고 참되게 대하는 것'이다. 사람들은 말하지 않아도 다 안다. 상대방이 나를 진정으로 대하는지, 거짓으로 속이려 하는지. 집에서 키우는 강아지도 다 구별할 줄 안다. 식구들 중에 누가 자기를 진정으로 사랑하는지, 미워하는지. 하물며 만물의 영장이라는 사람이 그걸 모를 리 없다.

진정성을 가지고 다른 사람들을 대하고 그들과 더불어 살아가다 보면 비로소 '차별화'가 만들어진다. 내가 상대방을 진정으로 대하면 상대방도 나를 진정으로 대하게 되고, 결국 서로에게 좋은 결과를 만들어내기 때문이다. 나에게만 이익이 되는 것이 아니라 서로에게 모두 이익이 되는 좋은 결과를.

　　그동안 학생들이 희망찬 미래를 준비하고 스스로 발전할 수 있도록 진정으로 학생들을 대하려고 노력해왔다. 격려도 하고, 용기도 주고, 칭찬도 했다. 하지만 학생들이 원칙을 지키지 않을 때는 엄히 지적하고 나무라기도 했다. 그냥 말로 하기보다는 직접 실천하여 몸으로 보여주려고 했고, 연구하고 논문 쓰는 시간을 쪼개어 학생들에게 용기를 줄 수 있는 이벤트도 마련했다.

　　그 결과 나를 포함한 우리 학부 교수님들과 졸업생, 재학생 사이에 신뢰가 생기고 정이 쌓이면서 아름다운 공동체가 만들어졌다. 학생들에게 인기를 얻으려고 한 것도 아니고 누구에게 자랑하거나 칭찬받으려고 한 일도 아니다. 단지 진정성을 갖고 학생들을 대하며 하루하루를 보냈을 뿐이다.

　　남을 진실하게 대하는 것은 나 자신을 진정으로 대하는 것이다.

내가 다른 사람을 진정으로 대하고 그것이 상대에게 전달된다면 그 진정성은 다시 내게로 돌아온다. 그리고 그 과정에서 우리 모두는 변하게 된다. 이렇게 진정성은 화학작용을 한다. 그리고 잔잔한 행복감을 느끼게 한다. 봉사 활동을 하는 사람들이 이구동성으로 하는 말이 있잖은가. 남을 도울 수 있다는 것에 보람을 느꼈는데, 정작 자기 자신이 도움을 받았다는 사실을 나중에야 알게 되었다고.

그 말에 공감한다. 내가 돕고 있다고 생각했는데, 정작 내가 도움을 받고 있었다는 사실을 깨닫게 된다. 이 책을 쓰는 과정도 마찬가지다. 가슴청년들에게 조금이나마 도움이 되고자 시작한 글이었는데 나 스스로 점검하고 정리하고 위로받는 기회가 되었다.

바라건대 가슴청년들이 이 책을 통해서 진정성을 느끼고, 진정성에 대해서 고민하고, 나름대로의 진정성을 획득할 수 있기를 희망한다.

진짜 공부는 지금부터다

당사자들에게는 길게 느껴지겠지만 대학에서 공부하는 기간은 고작해야 4년이다. 그렇다면 대학을 졸업하고 사회 나가서 활동하는 기간은 얼마나 될까? 사람에 따라 다르겠지만 대략 30~40년 정도 될 것이다. 직장에서 30년을 일한다고 치면 그 기간이 바로 공부하는 기간이 된다. 공부는 학교에서 책만 갖고 하는 것이 다가 아니다. 학교에서 배운 것을 현실에 적용하고 발전시키는 것이 진정한 공부다.

예를 들어, '이건 학교에서 배운 대로 하니 잘 되네. 그런데 저건 학교에서 배운 것과 다르네. 왜 그렇지? 그럼, 이렇게 한번 해볼까?' 이런 식으로 하는 것이 진짜 공부다. 나 같은 교수들이 남들이 읽지도 않는 논문을 발표하는 것만이 연구가 아니고, 이처럼 스스로 생각하고 의문을 갖고 현실에 적용해보는 것이 진짜 연구다.

대학을 졸업할 때는 별로 차이가 나지 않았지만 졸업 후 한참 시간이 지나면 확연히 실력 차이가 나는 이유가 바로 사회에서 공부를 제대로 하지 않았기 때문이다. 진짜 공부는 학교를 졸업한 이후에 본격적으로 시작되는 것이므로.

사회에서의 진짜 공부는 어떻게 해야 할까? 결론부터 말하자면, 진정성을 가지고 꾸준히 공부하는 자세를 견지하는 것이다. 독서로 예를 들어보자. 어떤 사람이 졸업 후 취직해서 매달 책 한 권씩을 읽기로 계획을 세웠다. 독서 예찬론자들은 일주일에 한 권씩 읽기를 권장하지만 바쁜 직장인들에게는 현실적으로 너무 어려운 일이다. (물론 나는 이러한 주장에 동의하고 일주일에 한 권 이상 읽으려고 노력한다)

만약 매달 자신의 분야와 관련된 책을 한 권씩을 읽는다면 1년이면 12권, 10년이면 120권, 30년 동안 직장생활을 한다면 360권이라는 계산이 나온다. 그렇다면 책을 한 권도 읽지 않는 사람과 어떤 차이가 날까? 360권은 그만두고 100권만 가지고 비교해도 답이 나온다. 우리나라에서 자기 업무 분야와 관련된 책을 100권 이상 읽은 사람이 과연 몇 명이나 될까?

전문 서적이 아니어도 괜찮다. 자신이 관심 있는 책 100권을 읽는 것으로도 효과가 나타난다. 이렇게 꾸준히 공부한 사람과 그렇지 않은 사람은 결과적으로 엄청난 차이를 가져온다. 이는 앞서 얘기했던 '차별화'와도 연결지을 수 있다.

책 읽기는 단지 예로 꺼낸 것이지 독서만을 강조하려는 것은 아니다. 책은 그 분야의 정보와 지식을 정리해놓은 매체다. 따라서 한꺼번에 내가 원하는 지식과 정보를 획득할 수 있는 장점이 있다. 하지만 시의성이 다소 떨어지고 시청각 매체가 아니라는 단점도 가지고 있다.

그런 의미에서 좀 더 다양한 매체 활용을 권한다. 영화도 좋고 드라마도 좋다. 만화도 좋고 애니메이션도 좋다. 방송도 좋고 인터넷도 좋다. 잘 안 보는 신문도 포털 사이트를 통해서 보면 된다. 어떤 매체든 괜찮다. 다만 매체를 통해 자신이 종사하는 분야에서 필요한 정보와 지식을 항상 업데이트해야 한다. 이것이 축적되면 엄청난 시너지를 발휘하게 될 것이다. 또한 '창의성'을 위한 좋은 원료들이 된다.

졸업반 학생들이 취직되었다고 메일을 보내오거나 전화를 하거나 또는 내 방에 찾아왔을 때 내가 하는 이야기가 있다. 돈에 연연하지 마라, 연봉에 너무 신경 쓰지 마라. 회사에서 일하다 보면 힘들 때가 있을 거다. 그럴 때마다 '내가 여기서 이렇게 많은 것을 배우고 경험하는데 돈(월급)까지 주네!' 이렇게 생각하고 자신의 발전을 위해서 꾸준히 노력하라. 그리고 자신의 분야에서 프로가 돼라. 그러면 나중에 헤드헌터 Headhunter에게 당당히 말할 수 있을 것이다. 난 얼마 이상 주지 않으면 가지 않는다고.

명예를 추구하면 돈이 생기고, 돈만 추구하면 돈이 오지 않는다. 자기 자신에게, 다른 사람에게, 이 세상의 모든 것에 진정성을 가지고 대하되 항상 공부하는 자세를 잃지 않는 것, 그거야말로 진짜 공부다. 그러면 당신 인생도 당신을 속이지 않고 진정성을 가지고 대할 것이다.

돌아보고 또 돌아보라

진정성을 가지려면 자기 자신에 대한 성찰이 필요하다. 자기 자신과 대화를 하는 것이다. 최소한 일주일에 한나절만이라도 자신만의 시간을 가지라고 권하고 싶다. 만약 한나절이 어려우면 반나절, 반나절도 어려우면 한두 시간도 괜찮다. 자기 자신만을 위해서 일부러 혼자 있는 시간을 만드는 것이다.

장소는 어디든 상관없다. 아름다운 자연 속에서 휴식을 취할 수 있다면 더욱 좋을 것이다. 자신을 아는 사람들로부터 방해받지 않는 환경이라면 어디라도 괜찮다. 시간을 내어 분위기 있는 찻집에서 차 한 잔 하면서 조용히 자신과 마주 앉아보라. 새로운 나를 만날 수 있을 것이다.

이 시간은 자신을 성찰하는 시간이다. 자기 자신과 대화를 나누는 시간이다. 궁금한 게 있으면 자기 자신에게 물어보라. 내 안에 있는 또 다른 내가 질문에 답을 줄 것이다. 종교적으로는 이 존재를 신神이라고 부르기도 한다. 종교를 가지고 있는지의 여부는 그다지 중요하지 않다. 중요한 것은 이렇게 자기 자신과 대화를 하다 보면 마음이 편안해진다는 사실이다.

혼자만의 시간은 정신없이 질주해야 하고 남보다 우월할 것을 요구하는 현대사회에서 우리가 잃어버리고 사는 것들을 떠올리게 한다. 이러한 시간을 통해 삶의 균형감을 되찾고, 어느 한쪽으로 치우치지 않게 된다. 자기 성찰을 통해서 자신으로부터 한걸음 떨어져 자기를 객관적으로 볼 수 있기 때문이다. 그러면 어떠한 결과가 나타나겠는가? 삶의 질이 달라진다. 보다 나은 삶 속으로 들어가는 것이다.

가만히 우리의 주위를 둘러보라. 사람들이 혼자 지내는 시간이 얼마나 적은지를. 우리나라는 이탈리아, 그중 특히 마피아로도 유명한 시칠리아만큼이나 가족 중심의 나라다. 식구들과 같이 있고 친구들이나 아는 사람들과 함께 있는 시간을 제외하면 혼자 지내는 시간이 거의 없다. 고작해야 출퇴근하는 시간 정도다. 그나마도 대부분 잠을 자거나 스마트폰을 하며 보낸다.

다른 사람들과 함께 있으면 외로울 수가 없다. 사람은 외로워야만 비로소 자기 자신과 마주하게 된다. 그래야만 자기 성찰을 할수 있다. 나 역시 독일 유학 전에는 혼자 있는 시간이 거의 없었다. 하지만 독일에서 혼자 오랫동안 생활하면서 자신을 돌아볼 기회를 가질 수 있었고, 그 시간은 내 인생에 있어 큰 자산이 되었다.

남을 진실하게 대하는 것은
나 자신을 진정으로 대하는 것이다.
그 진정성은 다시 내게로 돌아온다.

하루에 10분씩 명상^{meditation} 하는 시간을 가져보는 것도 좋다. 명상이라고 해서 어렵게 생각할 것 없다. 그냥 눈 감고 차분히 생각하는 것이다. 명상한답시고 굳이 다리 꺾고 가부좌를 하지 않아도 괜찮다. 편하게 의자나 침대에 앉아도 된다. 나는 그냥 침대에 가만히 기대고 앉는다.

하루 10분이 길면 5분도 괜찮다. 하지만 처음에는 5분, 10분도 굉장히 길게 느껴질 것이다. 이 순간에 별의별 생각을 다 할 수 있다. 그 짧은 시간에 일생을 다시 살아볼 수도 있다. 결코 짧지 않은 시간이다.

출근하느라 바쁜 아침 시간보다는 하루를 마무리하고 잠자리에 들기 전이 좋다. 지그시 눈을 감고 오늘 하루를 돌아보라. 즐거운 일이 있었으면 입가에 엷은 미소가 피어날 것이고 아무것도 아닌 일로 공연히 큰 소리를 냈다면 부끄러움을 느낄 것이다. '내일 아침에 꼴 보기 싫은 사람을 만나야 되는데, 눈이 마주치면 그래도 씩 한 번 웃어줘야지' 하는 생각이 들기도 할 것이다. 이렇게 하루 5분, 10분 동안 자기 자신을 돌아보는 시간을 통해 스스로를 성찰하고 진정성을 회복할 수 있다.

한 걸음 더 나아가려면 죽음에 대해 생각해보는 것도 좋다. 웰빙 well-being 뿐만 아니라 웰다잉well-dying도 중요하다. 특히 고령화사회에서는 웰다잉에 대한 관심이 높아질 것이다. 웰다잉은 죽음을 통해 자신의 삶의 의미와 타인과의 관계, 더 나아가 공동체로서의 이 세상에 대한 성찰을 가능하게 해준다. 특히 현대사회에서 잊고 사는 영적 존재로서의 인간의 문제를 깊이 들여다봄으로써 결국에는 자기 자신을 다시 만나게 한다. 웰다잉에 대한 성찰이 곧 웰빙에 대한 성찰인 셈이다.

죽음에 대한 성찰은 마지막에 종교와 연결된다. 인생에 대한 성찰에서 그치는 것이 아니라 적극적으로 실천하기를 원한다면 종교를 가져보는 것도 괜찮다. 종교를 갖게 되면 신이라는 절대자와의 관계 속에서 자기 자신을 돌아보고 다른 사람과의 관계도 성찰하며 이를 실천할 수 있는 기회를 갖기 때문이다.

그런 의미에서 보면 종교가 사람을 필요로 하는 것이 아니라 사람에게 종교가 필요한 것이다. 즉 종교는 인간이 보다 나은 인간으로 성장하고 다른 사람들과 더불어 살아가는 데 기여해야 한다.

나 자신과 내 삶을 사랑하라

당신의 인생 목표는 무엇인가? 인생 목표가 돈을 많이 벌어 부자로 사는 것이거나, 대기업에 취직해서 혹은 안정적인 직업을 택해서 편안하게 사는 것이라면 그것도 좋다. 자신의 인생은 스스로가 결정하는 것이고, 인생관이 확실하지 않은 것보다는 훨씬 나을 테니까.

하지만 취업을 준비하는 것이 단지 좋은 직장과 직업만을 갖기 위한 근시안적인 미래여서는 안 된다. 결국은 행복해지기 위해 사는 것인데, 높은 지위나 부와 명예가 행복을 가져다주는 것은 아니기 때문이다. 따라서 삶에 대한 목적의식을 갖고 자신의 미래를 준비해야 한다. 삶의 의미를 말하는 것이다. 미래 지향적인 인생관을 가지고 있는 가슴청년이라면 이렇게 인생을 설계해보라.

우선 많은 이들이 권하는 것처럼 꿈을 꾸고, 자신의 미래를 그려보자. 자신만의 비전이 생길 것이다. 비전은 미래의 자신의 모습을 마음으로 그려보는 것이다. 이 비전, 즉 목표를 가지고 자신의 인생을 SWOT로 분석해보면 된다. 나는 어떤 강점Strength과 약점Weakness을 가지고 있으며, 어떤 점들이 나에게 기회Opportunity와 위협Threat이 되는지를 따져본다.

이제 당신이 달성할 수 있는 목표의 구체적인 방법(전략)들에 대해서 고민할 차례다. 그 과정에서 내가 이 책에서 얘기하고 있는 삶의 의미들을 짚어보면 조금은 도움이 될 것이다.

먼저 자기 자신을 사랑하자. 자신을 사랑한다는 것이 당연한 이야기 같지만 그렇지 않은 사람들도 있다. 이런 사람들은 다른 사람을 사랑할 수 없다. 자기 자신을 사랑할 수 있는 사람만이 다른 사람을 사랑할 수 있고, 자기가 속해 있는 이 세상을 사랑할 수 있다. 또한 자신을 존중할 필요가 있다. 자신과 자신이 하는 일에 가치를 부여하는 것만으로도 당신의 미래가 달라질 수 있다.

내 인생의 주인이 되자. 절대 다른 사람들에게 주인의 자리를 허락하지 말자. 심지어 배우자에게도 허락하면 안 된다. 이 말은 자기밖에 모르고 자신의 이익만을 챙기는 자기중심적인 사람이나 이기주의자가 되라는 이야기가 절대 아니다. 자신의 삶에 대한 주인의식이 필요하다는 말이다. 계속해서 강조하는 '진정성'을 가진 사람은 이런 주인의식을 가지고 있다. 진정성을 가진 사람은 자기 자신은 물론 다른 사람을 진심으로 참되게 대하는 사람이기 때문이다.

'차별화'를 위해 자신의 개성을 창조하자. 개성은 튀는 것이 아니다. 개성은 '개인의 독특한 심리적 특성'을 의미한다. 그러니 굳이 자기를 바꾸려 하지 말고 그냥 생긴 대로 살면 된다. 우리는 모두 자신만의 개성을 갖고 있으므로.

개성과 다름을 인정하면 다른 사람보다 우월해지려고 노력할 필요가 없다. 다른 사람보다 내가 열등하다는 생각도 물론 들지 않는다. 우리 모두는 그저 서로 다를 뿐이다. 이런 면에서 차별화는 21세기의 또 다른 화두인 '다양화'와도 연결된다.

　이제 우리 사회도 서서히 다양화를 인식하고 있다. 외국인 이주 노동자 문제를 보라. 10년 전만 해도 이들에게 임금도 주지 않고 심지어 육체적으로 학대하는 고용주들이 상당히 많았다. 지금도 여전히 남아 있긴 하지만 그래도 조금은 나아졌다. 나와 다름을 인정하고 더불어 살아가는 사회로 한 발짝 나아간 것이다.

　독일에서 공부할 때 나도 외국인이었다. 독일 생활에서 배운 것 중의 하나가 나와 다름을 인정하는 것이다. 누군가가 멋진 말을 했다. 상대방이 나와 다름을 인정하는 것이 바로 '배려'라고. 우리가 살아갈 미래사회는 모두가 더불어 사는 세상이 될 것이다.

　살다 보면 인생은 후회의 연속이다. 그래서 사람들은 "지금 내가 알고 있는 걸 그때도 알았더라면" 하는 생각을 많이 한다. 하지만 나는 "늦었다고 생각할 때가 가장 빠르다"는 잠언을 더 좋아한다. 비록 적은 나이는 아니지만 아직도 내 인생이 앞으로 어떻게 전개될지 기대되고 설렌다. 마치 사춘기 소년처럼.

가슴청년이여! 그대들은 어떠한가? 이미 늦었다고 생각하는가? 그래서 용기를 내기가 망설여지는가? 늦었다고 생각하여 용기를 내지 못하고 있는 대한민국의 가슴청년들에게 이 이야기가 하나의 희망 메시지가 되기를 바란다. 따뜻한 위로가 되기를 바란다.

마지막으로 다들 잘 아는 잠언시 한 편을 인용하면서 이 책을 마치려고 한다. 마지막 학기 마지막 수업에서 졸업반 학생들에게 들려주는 시다.

지금 알고 있는 걸 그때도 알았더라면

킴벌리 커버거

지금 알고 있는 걸 그때도 알았더라면
내 가슴이 말하는 것에 더 자주 귀 기울였으리라.

더 즐겁게 살고, 덜 고민했으리라.

금방 학교를 졸업하고 머지않아 직업을 가져야 한다는 걸 깨달았으리라.

아니, 그런 것들은 잊어버렸으리라.

다른 사람들이 나에 대해 말하는 것에는 신경 쓰지 않았으리라.

그 대신 내가 가진 생명력과 단단한 피부를 더 가치 있게 여겼으리라.

더 많이 놀고 덜 초조해 했으리라.

진정한 아름다움은 자신의 인생을 사랑하는 데 있음을 기억했으리라.

부모가 날 얼마나 사랑하는가를 알고

또한 그들이 내게 최선을 다하고 있음을 믿었으리라.

사랑에 더 열중하고 그 결말에 대해선 덜 걱정했으리라.

설령 그것이 실패로 끝난다 해도 더 좋은 어떤 것이 기다리고 있음을 믿었으리라.

아, 나는 어린아이처럼 행동하는 걸 두려워하지 않았으리라.

더 많은 용기를 가졌으리라.

모든 사람에게서 좋은 면을 발견하고 그것들을 그들과 함께 나눴

으리라.

　지금 알고 있는 걸 그때도 알았더라면
　나는 분명코 춤추는 법을 배웠으리라.
　내 육체를 있는 그대로 좋아했으리라.
　내가 만나는 사람을 신뢰하고 나 역시 누군가에게 신뢰할 만한
사람이 되었으리라.

　입맞춤을 즐겼으리라.
　정말로 자주 입을 맞췄으리라.
　분명코 더 감사하고, 더 많이 행복해 했으리라.
　지금 내가 알고 있는 걸 그때도 알았더라면.

　　　　－ (류시화 엮음, 〈지금 알고 있는 걸 그때도 알았더라면〉 중에서)

〈모리와 함께 한 화요일 *Tuesday With Morrie*〉이라는 책이 있다. 많은
사람들이 읽었겠지만 간단히 소개하면, 저널리스트인 저자 미치
앨봄 *Mitch Albom*이 대학 졸업 후 루게릭병에 걸린 은사 모리 슈워츠

^{Morrie Schwartz} 교수를 매주 화요일마다 만나면서 인생의 의미를 깨닫고 삶의 교훈을 얻게 된다는 내용이다.

나는 졸업생들에게 모리 슈워츠 교수처럼 졸업 후에도 인생 문제를 사후 관리^{After Service}해주고 싶다고 말하곤 한다. 이 책을 구입하고 끝까지 읽어준 독자 여러분에게도 감사의 마음으로 애프터서비스를 해드리고 싶다. 내 이야기에 의문이나 의견이 있다면 언제든지 대환영이다.

가슴청년 홈페이지 heartyyouth.co.kr

가슴청년 페이스북 facebook.com/heartyyouth123

이 책의 제목을 구상하다가 이번에 새로 취임한 교황 프란치스코 1세가 소년원 재소자들의 발을 씻겨주고 나서 "스스로 희망을 도둑맞지는 말라."고 한 말씀이 마음에 들어왔다. 〈가슴청년, 희망을 도둑맞지 마라〉에 내가 가슴청년들에게 하고 싶은 이야기를 다 담을 수 있었으면 좋겠다.

가슴청년,
희망을 도둑맞지 마라

학생평가 최우수 최용주 교수의 삶의 성공 비법

 가슴청년 홈페이지 heartyyouth.co.kr
가슴청년 페이스북 facebook.com/heartyyouth123

1판 1쇄 발행 2013년 6월 1일
1판 13쇄 발행 2013년 7월 20일

지은이 | 최용주
펴낸이 | 최명애
펴낸곳 | 공감

등   록 | 1991년 1월 22일 제21-223호
주   소 | 서울시 송파구 오금동 80-10
전   화 | 02_448_9661
팩   스 | 02_448_9663
홈페이지 | www.kunna.co.kr
이메일 | kunnabooks@naver.com

ISBN 978-89-6065-286-6 13190

공감은

Win,
Win,
Win.

나를 위하고,
상대를 위하고,
사회를 위하는 원고를 기다립니다.

이 도서의 국립중앙도서관 출판시도서목록(CIP)은 서지정보유통지원시스템 홈페이지(http://seoji.nl.go.kr)와
국가자료공동목록시스템(http://www.nl.go.kr/kolisnet)에서 이용하실 수 있습니다.(CIP제어번호: CIP2013006804)